成立十周年庆典暨拳艺交流展演

2019年9月，在聊城永年太极拳拳社成立十周年庆典大会上，杨式太极拳第五代嫡传人、杨露禅家族理事会会长、世界杨家太极总会会长杨志芳先生（右）向作者（左）颁发聘书，聘作者为世界杨家太极总会山东聊城分会会长。

2017年5月，作者（中）率聊城永年太极拳拳社部分拳社领导班子成员和技术骨干参观杨露禅故居时，与杨式太极拳第五代直传人、世界杨家太极总会执行会长、河北童鹤太极研究会会长周新奎先生（右三）及部分永年广府民间太极拳家合影。左二为聊城永年太极拳拳社常务副社长王学盈、右二为秘书长布永军。

　　作者（左一）与杨式太极拳第五代嫡传人、杨露禅家族理事会会长、世界杨家太极总会会长杨志芳先生（左二），杨式太极拳第五代直传人、世界杨家太极总会执行会长、河北童鹤太极研究会会长周新奎先生（右二），座谈杨家太极拳的传承、推广与光大。右一为聊城永年太极拳拳社常务副社长王学盈。

　　2016年六月，作者在聊城永年太极拳社与聊城市直机关工委联合组办的"千人太极大讲堂"上义务讲学。

2018年5月，作者（右一）应邀在第三界世界杨家太极拳交流大会上作名家表演。

2012年5月，作者（左一）应邀在首届武当国际演武大会上作名家表演，并参加传统杨氏太极拳和太极长棍两个单项比赛，均获得金牌（第一名）。

2003年，作者练功照。

三十二式太极短棍

李应宏 著

人民体育出版社

图书在版编目（CIP）数据

三十二式太极短棍 / 李应宏著. --北京：人民体育出版社，2021
　ISBN 978-7-5009-5849-9

Ⅰ.①三… Ⅱ.①李… Ⅲ.①棍术（武术）-套路-中国 Ⅳ.①G852.25

中国版本图书馆 CIP 数据核字（2020）第168124号

*

人民体育出版社出版发行
北京新华印刷有限公司印刷
新　华　书　店　经　销
*
880×1230　32 开本　5.5 印张　141 千字
2021 年 3 月第 1 版　　2021 年 3 月第 1 次印刷
印数：1—3,000册
*
ISBN 978-7-5009-5849-9
定价：30.00 元

社址：北京市东城区体育馆路 8 号（天坛公园东门）
电话：67151482（发行部）　　邮编：100061
传真：67151483　　　　　　　邮购：67118491
网址：www.sportspublish.cn
（购买本社图书，如遇有缺损页可与邮购部联系）

前　言

　　体质，民生之本；健康，幸福之源。全民健身，举国锻炼，强人之体魄，壮中华之铮骨。此乃国民之所要，民族振兴之根基。

　　当前，国运昌盛，民富业兴，人们对健康、少疾、多福、长寿的愿望日趋强烈；对强身、怡情、修心、养性的健身项目学练热情愈加高涨。基于此，作者将多年习练、研究太极拳之成果（三十二式太极短棍）合盘托出，分享于社会。

　　三十二式太极短棍，是三十二式太极长棍（已出版）之最佳姊妹篇。它的特点是以短见长、侧重攻防，轻便灵活、连贯流畅，松柔沉稳、舒展端庄，内外同修、身心共享。演练起来要：连绵不断、势式相承，跌宕起伏、大气恢宏，招隐于式、势现内功，招着互补、阴阳相生，左右兼顾、前后照应，身械一体、内外合融，使演练者身心均得到极好的陶冶和锻炼。

　　由于本人武学基础和写作水平有限，是篇难免有误，在此，诚望方家大德不吝赐教。

李应宏

2019年10月10日

目 录

第一章 练前须知

第一节 概况及要点

一、概况

太极短棍，顾名思义，相对于长棍，其型制短而粗、坚而韧。其特点：以短见长、侧重攻防，轻便灵活、连贯流畅，松柔沉稳、舒展端庄，内外同修、心身共享。

本套路用棍型制，其长度以1.2米为宜，亦可视习者本人身高，做适当增减，但高不能过肩，低不能过胸。因过短，攻防距离少，不能实施有效打击；过长，舞动不灵，笨滞受制。故1.2米较为适宜。粗度，不宜太细或太粗。因棍是无刃击打兵械，短棍又多以单手操持，如太细，就会淡化攻防内涵，健身价值也大打折扣；太粗，舞动不灵且不宜内劲的快速发放。故，本套路用棍，经反复演练，特别是攻防对击演练后总结，设定为：把端直径为3.2厘米，梢端直径为2.8厘米为宜。这样，重量适中，坚韧性强，舞动起来，得心应手。

本套路用棍材质，以各种檀木、上佳枣树木心或白蜡木等坚硬材质均可。这些材质既有硬度又有韧性，非常有利于健身和攻防。

本套路共分六段，计三十二式，每段独立成路，又密连成套。演练起来：连绵不断、势式相承，跌宕起伏、大气恢宏，招隐于式、势

1

现内功，招着互补、阴阳相生，左右兼顾、前后照应，身械一体、内外合融。

本套路攻防内涵和健身价值都很高，适宜人群亦比较广（妇、青、老、少均可）。相信本套路的推广、习练，必将给广大太极拳爱好者带来新的乐趣，为太极文化增光添彩。

二、练习要点

①身法。一定要端庄沉稳、舒展大气。转换时一定要源动腰际，劲贯四梢，且幅度要大。特别是本篇文字（要领）表述中的腰、腰胯、腰胯及上体、身体等左旋右转，分别表示动幅和相对部位，望习者注意，切勿混为一谈。努力做到：以腰为轴，连动双胯，组合互为，转旋蓄发。不能从解剖学角度看腰视胯，使二者分家。

②走势行棍，要舒展连贯、松沉自然，无疾无滞、如环无端。做到：运棍如春风摆柳，迈步如灵猫慎行。本篇多以双手操持行棍，故演练中要特别注意左右手的密切配合和把法的灵活运用。灵活的把法、轻灵的步法、柔顺的身法三者交融合一，充分展示本套棍术丰富的攻防内涵和健身价值。做到：握把（梢）长击、持中近打，两头兼顾、过中力发，瞻前顾后、亦打亦拿。

③要招、势明确，点（击点）线（轨迹）清楚。既不拖泥带水，亦不稀里糊涂。

④本套路突出特点之一，是对仗组合，左右同练，不偏势，不单一，增强了左右肢体的均衡协调，提高了健身价值。

⑤要注意姿势的准确性。做到：势正型端。切记，本套路演练，"势正"是第一位的。切勿专注内意，忽略架、势，以致无型无象，随意敷衍。在把握好"势正型端"的基础上，或者说熟练套路之后，再突出"意"的主导作用，即凝神静思、外随内动，以意行气、以心

运棍，步随棍走、棍随意行。切忌花华做作，身械妄动。通过以内为主的操习演练，达到一种肢轻体松、脑清目明的舒服感和有物击实、无物打影的实际效果。

⑥要神意专注。确实体会"形如搏兔之鹘，神如扑鼠之猫"之内涵。运用好"眼随棍走，棍追眼行"之要点。另：书中"目视棍梢（把）"等文字表述，是棍梢（把）的方向而不是绝对注视点。

⑦本套路是运使短棍，但一定要把太极拳"掤劲不丢"的原则运用好。做到：有前去必有后撑，有外开必有内合。要开合鼓荡，收放自如。

⑧本套路既要体现长棍（器械）"棍扫一大片"之风魔霸气，更要展示短棍（器械）"轻灵圆活、粘黏绕缠"之细腻秀气。

⑨本套路每式的演练，均应在同一时间、不同方位和轨迹完成，不应受文字表述的先后而形成递次偶动。要时时势势符合太极拳"一动无有不动"的原则。

⑩本套路演练，应基本掌握在同一个高度运势。除个别动作有特殊要求外，如歇步、独立步等，不能有明显的升降、起伏。

⑪为便于习者循册习技，本书图文并茂，并尽量详尽。若偶有差异，应以文字表述为准。

⑫本套路为适应不同人群的习练目的，演练时长设定为三种：快，一分半钟以内；中，六分钟左右；慢，约八分钟。但无论快练还是慢演，均要体现本套路之风格，即：轻灵圆活、连绵不断，大开大合、招隐势现，飘忽跌宕、触方成圆，柔棉裹铁、粘黏绕缠，沉稳凝重、势正型端。

⑬本书（套路）方向（东、西等）表述，是设定以面南起势为基；前后左右是以当时习练者之体位为基。

⑭为便于习者依文（图）练势，循图（路线）行棍，特绘制行棍路线图。但此图仅为示意，不是绝对准确实位，望习者注意。

第二节　重要概念解读

一、步型、步法

1. 步型

步型，是武术运动中两腿、两脚的静型；步法，是两腿、两脚的动态。它直接关系到身法的稳固和攻防技法的展示。因此，习练者切不可忽略。本套路涉及的步型步法较多，概括起来有以下几种。

（1）弓步：两脚前后错位站立。后脚脚尖外摆约45°踏实（最大不超过60°），腿（膝）蹬伸不挺；前脚提起前迈，脚尖稍内扣约5°踏实，屈膝前弓，小腿垂直于地面。前屈限度：膝关节不超过脚面二分之一，两脚前后距离可视本人功力和年龄而定。两脚横向距离约20厘米，最大限度不超过30厘米，最小不小于10厘米。重心偏于前脚。

（2）侧弓步：亦称横裆步、单鞭步等。在弓步的基础上，重心移向后脚，膝关节屈弓并内掰外撑；前脚脚尖内扣，腿（膝）蹬伸不挺。两脚近似平行，重心偏于后脚。另一种形式是两脚平行站立，一脚（腿）承重，腿（膝）屈弓；另一脚横向开步，脚尖内扣，腿（膝）蹬伸，直而不挺。

（3）马步：两脚左右横开，平行（脚尖正前）踏实，屈蹲（切勿前跪）双膝微内扣，胯根微外撑。两脚间距一般要大于本人两脚半，亦要视本人功力或年龄而定。

（4）偏马步：基本同于马步，唯重心偏于一脚。亦可另一脚脚尖稍外摆不大于45°。

（5）倒八字步：基本同于马步。唯两脚距离少于马步，约本人两脚或少于两脚之距且脚尖尽力内扣，裆部稍内合。

（6）虚步：亦称子午步、丁八步等。两脚前后错位站立，重心移至后脚。后脚脚尖外摆约45°踏实，屈膝下蹲；前脚脚尖虚点地面（亦可全脚掌或脚跟着地），脚跟微外撑，膝关节微内扣，以示护裆。两脚前后距离视本人功力或年龄而定，横向距离约10厘米。

（7）丁步：属于虚步范畴。一脚踏实承重，屈膝下蹲；另一脚收提于支撑脚内踝处，脚尖虚点地面（亦可不着地）。

（8）叉步：一脚踏实承重，膝关节屈弓；另一脚提起，由支撑脚后，向右后或左后倒插一大步，脚前掌着地，膝关节蹬伸不挺，两脚（腿）大跨度交叉，亦称偷步。上体向屈弓腿侧后方拧转。

（9）歇步：两腿交叉叠拢屈蹲，臀部可轻灵坐到后脚跟上。上体向前脚（腿）侧后方拧转。

（10）独立步：一脚踏实承重，腿（膝）蹬伸，直立不挺；另一脚（腿）松膝提起，膝高不低于胯。要有顶天立地，岿然不动之状。

（11）并步：两脚并拢，两腿直立，松静自然。

（12）开立步：在并步的基础上，一脚横开一小步，宽约与肩（是肩井穴而不是肩上臂外沿）同。两脚平行站定，两腿直立，松静自然。

2. 步法

（1）进步：属于前移步法。两脚前后错位站立，前脚向前迈出一步，脚跟先着地。步幅大小视进身（进攻）需要而定。

（2）跟步：亦属于前移步法。两脚前后错位站立，后脚前跟，但不能踏立于支撑脚正后，应略偏外。即右脚跟进时略偏右，左脚跟进时略偏左，脚掌先着地。

（3）垫步：后脚提起向前跟进，在落地的瞬间（脚掌先着地），前脚随即向前迈出。

（4）过步：后脚提起，向前越过支撑脚迈出一大步，脚跟先着地。

（5）活步：属于垫步的一种。两脚前后错位站立，前脚原地提起随即脚尖稍外摆落下，以便于灵活转换方向和上步进身。

（6）退步：前脚向后越过后（支撑）脚撤退一大步，脚掌先着地。

（7）撤步：后脚向后退移之步法，称为撤步；前脚后移，不过后脚，亦称为撤步。

（8）插步：一脚提起，经另一脚后，向相反方向横插直伸，两腿交叉，不动腿屈膝。上体向屈膝腿侧后方拧转。

（9）横移步：一脚支撑，另一脚提起，向左或右横开一步，为横移步。盖步、插步亦属于横移步。

（10）盖步：一脚提起，经另一脚前，向左或右侧横迈，脚尖稍外摆踏落，两腿交叉。盖落腿屈膝，不动腿直伸（亦可屈膝）。

（11）铲步：一脚不动，另一脚提起，向左或右侧向以脚掌轻擦地面伸出，要轻灵无滞。

（12）碾展步：以脚前掌（或脚跟）为轴，向左或右拧转，迅速改变体向。

（13）扣步：一脚提起，向前迈出一小步，脚尖尽力内扣踏落，两脚成倒"八"字步。

（14）摆步：一脚提起，向前迈出一步，脚尖外摆横落。

二、身型、身法

身型身法，是习练好太极短棍非常重要的一环，切勿忽略。

1. 身型

要做到五平：

顶平——头正

眼平——神正

肩平——身正

胯平——势正

心平——气正

2. 身法

身法，在动作要领诠释中多有表述，故不赘述。

三、手型、手法（非持棍手）

①太极短棍之手型，为五指自然舒张直伸，虎口不夹（撑圆），松柔顺达。行棍走势时要做到：运势松柔、舒张自然，定势成型、虎口撑圆。

②手法，概括表述，有如下几种，搂、抱、採、掤、插、抄、按、拦，挥摆举亮，运转自然。

四、把法

器械之把法，是准确把握和展示其技法的非常重要的一环，来不得半点疏忽和敷衍。三十二式太极短棍之把法，有以下七种。

（1）顺把（俗称阴阳把）：左右手手心相对，虎口同向握持棍身，两手距离按需而定。多用于劈、撩、抢、扫等。

（2）逆把（俗称双阴把）：左右手虎口相对，手心同向握持棍身。多用于推架、格挂、绞戳、缠拿等。

（3）螺把：四指依序斜向屈曲呈螺形与拇指合力握持棍身。

（4）满把：四指靠拢并齐，与棍身呈垂直状，与拇指合力握持棍身。

（5）钳把：以拇指、食指和虎口的夹持之劲将棍身钳制住，其余三指自然松附于棍身。

（6）换把：左右手互换握持部位或握持方法。

（7）活把（滑把）：一手固握，另一手松拢前后移位，以灵活实施打击。

五、棍法

三十二式太极短棍之棍法非常丰富，概括表述有以下几种。

（1）抡劈：单（双）手握持棍之把（梢）段，由上而下再向上、向前沿体侧立圆抡动劈出，高约与肩平。

（2）挥劈：双手双阴把持棍，右（左）手由下向上、向前沿体侧绕大半个立圆提带甩出，高约与肩平；左（右）手由上向下、向后拉带棍梢（把），止于腰侧。

（3）推劈：双手双阴把持棍，右（左）手由前向后偏下拉带棍把（梢）于右（左）腋下；左（右）手由后向前偏上推送棍梢（把），止于右（左）胸前，高不过肩。

（4）盖劈：双手双阴把持棍，由上而下柔和沉坠用力下劈。

（5）砍劈：双（单）手持棍，由上而下斜向劈击且棍身与地面成约45°。

（6）撩：由下而上抡动棍身实施击打。撩击落点高不过胸。

（7）挑：左（右）手持棍之中段相对固定，右（左）手骤然下压棍把（梢），致棍梢（把）突兀撅起。

（8）崩：单手持棍，向前抡撩后，突然外旋手臂向下沉翘手腕，致棍梢（把）向上崩敲。

（9）点：单手持棍，由上而下挥动棍身，至身体前下方时，突然向前上方提带棍把（梢），致棍梢（把）向前下方啄击。

（10）点戳：右手持棍之把段，由右胁（腰）向前推提棍把扣腕前点，紧随前点的惯性前戳，且以前戳为主。

（11）戳：双（单）手持棍，臂由屈而伸，致棍梢（把）直线冲击。

（12）扫：单（双）手持棍，水平挥动棍身约半周以上横击。动作轻快灵活，似秋风扫落叶。棍梢高不过膝，低不触地。

（13）抡：单（双）手持棍，体侧立圆或体前平圆舞动棍身，幅度超过半周以上。

（14）格：单（双）手持棍，外开敌械。

（15）拦：单（双）手持棍，在任何方向阻止敌械进攻。

（16）云：双（单）手持棍，拥格敌械向左或右移转，进而攻击敌身。

（17）拨：两手持棍，以棍端绞绕约半周，或向体侧后上（后下）拉带棍端，挡开敌械。

（18）挂：两手持棍，用棍端由前向侧后上方或侧后下方拨摆。运棍要贴近身体，快速有力。

（19）绞：双手持棍，一手相对稳定（也要柔力推拉配合）作为支点，另一手用力绞绕，使棍梢（把）绕动成立圆。圆之上弧高约与头平，下弧不低于膝。

（20）剪：单手持棍，以腕关节为轴，在体侧立圆抡动棍身一周或一周以上。

（21）滑（把）：一手握实棍端，另一手松拢前后（左右）移位。

（22）刮：棍身垂直左右拦格。

（23）带：棍身向左（右）体侧带引。

（24）击：单（双）手持棍，在半周以内划平圆或立圆，快速有力击打。

第三节　分段、分动与路线示意

一、分段及分动提示

第一段（九式57动）

预备势：4动。

一、起势：8动。

二、左弓右刮三连击：7动。

三、右弓侧挂劈挑击：5动。

四、左弓格绞前戳棍：3动。

五、右腿独立前劈棍：5动。

六、连续进步前下撩：7动。

七、进步左转回身劈：7动。

八、左右歇步斜下击：10动。

九、左转平抡正劈棍：4动。

第二段（五式44动）

十、活步绞格推击棍：13动。

十一、活步挑劈三连击：3动。

十二、转身递进前戳把：3动。

十三、左右翻身挂劈棍：20动。

十四、左转撤步返身劈：5动。

第三段（五式39动）

十五、连续丁步点戳棍：4动。

十六、连续退撩崩点棍：8动。

十七、歇步下击右转身：11动。

十八、舞花马步侧戳棍：13动。

十九、转身平抡递换把：3动。

第四段（四式54动）

二十、云格单手平抡棍：16动。

二十一、左右双手平抡棍：20动。

二十二、转身左右撩击棍：12动。

二十三、左右弓步斜下劈：6动。

第五段（四式70动）

二十四、左右翻身叉步撩：27动。

二十五、回身左右绞戳棍：8动。

二十六、左右退步绞点棍：21动。

二十七、左右挂挑舞花劈：14动。

第六段（五式42动）

二十八、左右活步架劈棍：9动。

二十九、左右马步侧平击：6动。

三十、转身左弓三连击：6动。

三十一、转身左右弓侧击：10动。

三十二、收势：11动。

注：本套三十二式太极短棍共分六段，计306动。

二、分段演练路线示意图

第一段（九式）：一至九式

一、起势　　　　　　　　二、左弓右刮三连击

三、右弓侧挂劈挑击　　　四、左弓格绞前戳棍

五、右腿独立前劈棍　　　六、连续进步前下撩

七、进步左转回身劈　　　八、左右歇步斜下击

九、左转平抡正劈棍

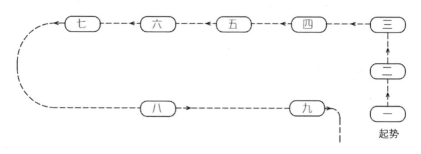

第二段（五式）：十至十四式

十、活步绞格推击棍　　　十一、活步挑劈三连击

十二、转身递进前戳把　　十三、左右翻身挂劈棍

十四、左转撤步返身劈

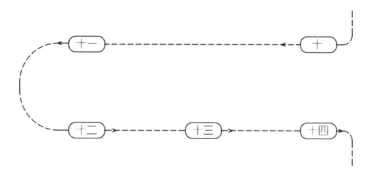

第三段（五式）：十五至十九式

十五、连续丁步点戳棍　　　十六、连续退撩崩点棍

十七、歇步下击右转身　　　十八、舞花马步侧戳棍

十九、转身平抡递换把

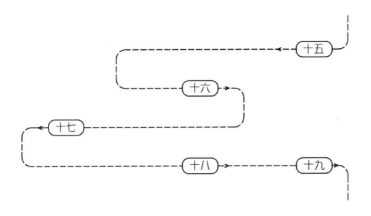

第四段（四式）：二十至二十三式

二十、云格单手平抡棍　　　二十一、左右双手平抡棍

二十二、转身左右撩击棍　　　二十三、左右弓步斜下劈

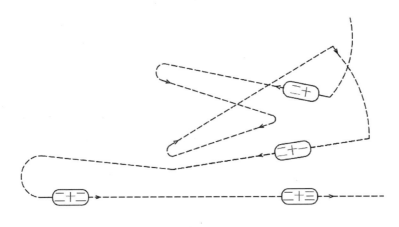

第五段（四式）：二十四至二十七式

二十四、左右翻身叉步撩　　　二十五、回身左右绞戳棍

二十六、左右退步绞点棍　　　二十七、左右挂挑舞花劈

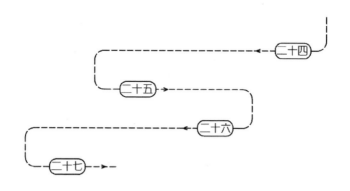

第六段（五式）：二十八至三十二式

二十八、左右活步架劈棍　　　二十九、左右马步侧平击

三十、转身左弓三连击　　　　三十一、转身左右弓侧击

三十二、收势

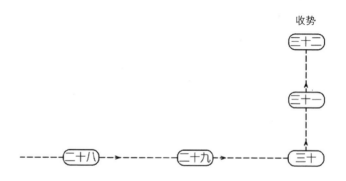

三、行棍总体路线示意图

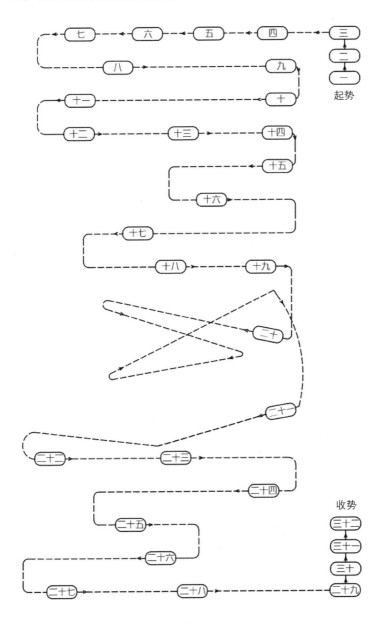

第二章　要领诠释

第一节　三十二式太极短棍棍谱（式势名称）

预备势

一、起势

二、左弓右刮三连击

三、右弓侧挂劈挑击

四、左弓格绞前戳棍

五、右腿独立前劈棍

六、连续进步前下撩

七、进步左转回身劈

八、左右歇步斜下击

九、左转平抡正劈棍

十、活步绞格推击棍

十一、活步挑劈三连击

十二、转身递进前戳把

十三、左右翻身挂劈棍

十四、左转撤步返身劈

十五、连续丁步点戳棍

十六、连续退撩崩点棍

十七、歇步下击右转身

十八、舞花马步侧戳棍

十九、转身平抡递换把

二十、云格单手平抡棍

二十一、左右双手平抡棍

二十二、转身左右撩击棍

二十三、左右弓步斜下劈

二十四、左右翻身叉步撩

二十五、回身左右绞戳棍

二十六、左右退步绞点棍

二十七、左右挂挑舞花劈

二十八、左右活步架劈棍

二十九、左右马步侧平击

三十、转身左弓三连击

三十一、转身左右弓侧击

三十二、收势

第二节 要领诠释

第一段 一至九式

预备势

①两脚并拢，身体直立。全身自然放松，心平气和。

②头顶百会虚提上领。顶平头正，两眼平视，下颌微后收。

③两肩松沉，含胸拔背（微），两臂自然下垂。

④右手持棍，虎口向上，棍身直立于身体右侧，拇指轻贴右大腿，棍把位于右脚脚前掌中部外约5厘米处；左手自然下垂，手心向内轻贴左大腿外侧。（图1）

图1

注：本套路编创列谱，"预备势"不算一式，但其必要性和重要性不可忽略。演练时，习者持棍在指定处站好后，要立即进入状态，即尽力做到三点，调心、调息、调身，此谓之"三调"。三调的核心是调心。因人们大多有一个共性，即一出场（任何一种活动），心波随起，思绪逐滥。有的甚至心发颤，手发抖。心神阵脚乱，理法难自然。所以，运势开始，一定要把心神调整好，做到心平气和，势随意起。

一、起势

①重心微右移，右脚松沉下踩，内劲慢慢由脚下涌泉上传到右胯根；左膝松缓上提，左脚由脚跟、脚掌至脚尖慢慢离开地面，高不过10厘米。（图2）

②左脚向左横开小半步，脚尖着地，双脚约与肩同宽。（图3）

图2

图3

③左脚慢慢踏落，脚跟微外摆，全脚掌着地。（图4）

图4

④重心微左移，重心落在两
脚之间。（图5）

注：本势上肢不动，始终保持预
备状态。

图5

⑤右手持棍原势不变；左手拇指领意，向正前慢慢平举且边举
边内旋，至手心向下，高约与肩平；目光迎视一下左手即向前平视。
（图6）

⑥左手小指领意，边外旋边向右胸前回抱；目视左手。（图7）

图6

图7

⑦左手在离右胸前约10厘米处时，食指领意，边内旋边向右肩前微伸，手心向外，虎口朝下，抓握棍之梢段；目视左手。（图8）

⑧左手微上提（约10厘米）即向左平带棍身；同时，右手松握棍身垂直向下、向右滑握棍之把段，且边滑握边提举棍把，使棍身平举，横于胸前约30厘米处，高不过肩；目视前方。（图9）

图8

图9

二、左弓右刮三连击

①重心微左移，腰胯稍右转，上半身朝向正前（南）略偏右；左脚不动，右脚脚掌外摆约45°踏落；同时，两手持棍随势向前（正南）平行掤推，双臂微屈不挺，高不过肩；目视前方。（图10）

图10

②重心右移，右脚踏实，两腿屈膝下蹲；同时，两手协同向下（微后）沉带棍身：右手位于右肩侧前约45厘米处，高约与肩平，左手位于左胯前约40厘米处，高约与腰平；目视前下方。（图11）

③腰胯稍右转，重心移至右脚，左脚收提于右脚脚踝内侧不落地；同时，两手持棍，把法不变，协同致棍身与地面成不少于60°夹角，向右后沉带，刮格棍身于胸腹前；目视棍之中段。（图12）

图11

图12

④重心不变，腰胯右转，左脚向前（正南）偏左上一步，脚跟着地，膝关节直而不挺；同时，两手协同继续向右后刮格棍身，致棍身斜立于右胁前；目光转视前方。（图13）

图13

⑤重心前移，腰胯左转，右腿（膝）蹬伸不挺，左腿屈膝成左弓步；同时，左手向后推移棍梢于右腋下，手心向上，虎口朝前，右手向正前（南）推劈棍把，高约与肩平，手臂直而不挺，手心向下，虎口朝后；目视棍把。（图14、图14附图）

图14   图14附图

⑥腰胯右转，重心后移；左腿（膝）蹬伸，微屈不挺；右腿屈膝，成左脚全脚掌着地的大虚步（近似偏马步）；同时，两手把法不变：右手向右肩前约15厘米处拉带棍把，右腕稍屈，致棍之把段紧贴右前臂前段外侧，左手向左腹前约50厘米处带挑棍梢，手心向下，与腰同高；目视棍梢。（图15、图15附图）

图15   图15附图

　　⑦重心前移，腰胯左转；右腿（膝）蹬伸，直而不挺，左腿（膝）屈膝成左弓步；同时，两手把法不变：左手向右腋下推移棍梢，右手向正胸前推劈棍把，高不过肩；目视前方。（图16、图16附图）

图16　　　　　　　　　　　　　　　　　图16附图

三、右弓侧挂劈挑击

　　①重心微后移，腰胯及上体稍左转；左脚尖稍翘；同时，左手稍向上、向外推移棍梢，右手向左、偏下带拨棍把，低不过腰，止于左胯前约40厘米处；目视棍把。（图17）

图17

②重心前移，腰胯稍左转随即右转；左脚尖外摆踏实，右脚松缓收提至左脚内踝处不着地；同时，左手向左腰侧拉带棍梢，低不过胯，右手向正前（南）挥甩棍把，高约与肩平；目视棍把。（图18）

图18

③重心不变，腰胯稍左转；左脚不动，右脚向前迈出一步，脚跟着地；同时，左手向左肩前约15厘米处提带棍梢，右手向左胯前约50厘米处推拨棍把，与腰同高；目视棍把。（图19）

图19

④重心前移，腰胯及上体右转；两脚位置不变：右脚脚掌踏实，膝关节微屈，左腿（膝）蹬伸，直而不挺，成右弓步；同时，右手向左腋下推移棍把，左手向正前（南）推劈棍梢，臂直而不挺，高约与肩平；目视前方。（图20、图20附图）

图20　　　　　　　　　　　　　　　图20附图

⑤两脚不动，步型不变，腰稍左转；同时，右手向正前（南）带挑棍把，高不过胸，左手向左肩前拉带棍梢，高约与肩平；目视棍把。（图21、图21附图）

图21　　　　　　　　　　　　　　　图21附图

25

四、左弓格绞前戳棍

①重心微后移，腰胯及上体左转，右脚尖微翘并内扣（不落实）；同时，两手协同，向左前方掤格棍身：左手向左胁侧稍作拉带即向左上方提举棍梢，手心向下，略高于腰，右手向左前上方提带棍把，手心斜向下，略高于肩；目视前方。（图22、图22附图）

图22

图22附图

②重心右移，腰胯右转；右脚脚掌内扣踏实，左脚提起稍回撤即前落，脚跟着地；同时，右手臂外旋卷腕，致手心向内，收于右腰际，左手向上、向右、略向前推绞棍梢，手心向下，虎口朝后，高不过肩；目视前方。（图23）

图23

26

③重心前移，腰胯及上体左转；左脚踏实，膝关节微屈，右腿（膝）蹬伸，直而不挺，成左弓步；同时，两手协同，平胸推送棍身，向前戳击，高不过肩，在棍身向前送出时，左手要有微下压之意，右手要继续外旋卷腕，致手心向上前送，以增大棍梢向前贯穿力；目视棍梢。（图24）

图24

五、右腿独立前劈棍

①重心后移，腰胯右转；两脚不动，右腿屈膝，左腿（膝）蹬伸，直而不挺，成右侧弓步；同时，右手向后平胸抽带棍把，且边抽带边内旋，致手心向外，高不过肩，左手松握棍身，前滑至棍之中段时握实并稍向右前下推拨棍梢；目视棍梢。（图25）

图25

27

②重心前移，腰胯及上体左转，右腿（膝）蹬伸，直而不挺；左腿屈膝，成左弓步；同时，左手稍向下再向后拉带棍梢于右腋下，手心向上，虎口朝前，右手稍向上再向正胸前推劈棍把，手心向下，虎口朝后，高约与肩平；目视前方。（图26）

图26

③重心不变（可稍有后移），腰胯及上体左转；左脚以脚跟为轴，脚尖外摆，右脚位置不变；同时，右手向下偏左格挂，低不过裆，止于左胯前约45厘米处，手心向下，虎口朝后，左手稍向腋外偏上推移棍梢，手心向内，虎口朝前；目视前下方。（图27、图27附图）

图27

图27附图

④重心不变，腰胯及上体稍左转；左脚脚尖外摆踏实；右脚提起向前迈出一步，脚跟着地；同时，右手向左额侧前方约20厘米处提带棍把，左手向左胯侧拉带棍梢；目视前方。（图28、图28附图）

图28

图28附图

⑤重心前移，上体稍右转，百会领起；右腿直立不挺，左腿向左胁前松膝上提，脚尖自然下垂，成右独立步；同时，右手持棍，稍向上再立即向前（正东）抡动棍身，甩腕平劈，手心向左，虎口朝上，高约与肩平，左手松开棍身，顺势由左而上，弧形举亮于左额前上方，手心向上，指尖朝前；目视前（正东）方。（图29）

图29

六、连续进步前下撩

①右腿独立步型不变，左膝再尽力向上松提；同时，右手持棍，外旋手臂，向左后上方弧形抽带棍身，手心向内，虎口朝前，止于左额前上方约40厘米处，棍梢指向正前（东）方，左手在原势的基础上，向上引伸；目视前方。（图30）

图30

注：此过渡动作，整个身法要松直挺立，有通天接地之感。

②腰微左即右转；右腿（膝）极力屈蹲；左脚尖外摆向前横落成歇步；胸转向左前方约35°；同时，右手持棍，稍向后即向下、向前（东）抡动棍身前撩，手心向右，虎口朝下，高不过胸，左手向后（西）、向下，经右胸前向左后（西）上方划大立圆摆伸，手心向内，指尖朝上，止于左额后上方约50厘米处；目视棍梢方向。（图31）

图31

③重心前移至左脚，腰及上体微左转；右脚提起向前跟进至左踝处（不落地）；同时，右手外旋，向左额前抽带棍身，手心向内，虎口朝前，把稍高于梢，止于左额前上方，左手向后（西）、向下沉落，止于左腰侧后约35厘米处，略高于腰，手心向下，指尖稍横；目视前方。（图32）

图32

④重心不变，腰胯及上体继续左转；右脚向前上一步，脚跟着地；同时，右手持棍，稍向后即向下沉带棍把，手心向内，止于左胁侧约10厘米处，手心向内，棍梢斜向上，高约与头平，左手手臂外旋，向右胸前搠穿，手心向内，指尖斜上，高约与肩平；目视左后方。（图33）

图33

⑤重心前移，腰胯及上体右转；右脚踏实，右腿屈膝；左腿（膝）蹬伸，直而不挺，成右弓步；同时，右手持棍，稍向下即向前带甩抡撩，手心向右，虎口朝下，高不过胸，左手向左后上方挥摆，止于左额后上方约50厘米处，手心向内，指尖朝上；目视棍梢方向。（图34）

图34

⑥重心前移，上体极力左转；右脚不动，左脚向前横落盖步；同时，右手持棍，边外旋边向上、向左甩把劈击，止于左胁侧约20厘米处，手心向内，棍梢高约与头平；左手（臂）边内旋边向后下抡摆，继而外旋经左腰际手心向上，再向右肩前约10厘米处伸插推按，指尖略高于肩；目视左后方。（图35）

图35

⑦重心前移至左脚，腰及上体右转；右脚提起向前上一步，随即踏实成右弓步；同时，右手持棍，向前下方撩出，手心向右，虎口朝下，高不过胸，左手向下、向左后弧形摆甩，手心向外，指尖斜朝上，高不过肩；目视棍梢方向。（图36）

图36

七、进步左转回身劈

①重心左（西）移，腰胯稍向左后转；右腿（膝）蹬伸不挺，脚尖翘起稍内扣，左脚不动，左腿屈膝过渡成左侧弓步；同时，右手持棍，在原位边外旋、边微抽提，致手心向上，左手原处外旋，微上托，手心、指尖斜向上，略高于肩；目视左手方向。（图37）

图37

②重心右（东）移，右脚脚掌稍内扣踏实，右腿屈膝，左脚收提于右小腿内侧，略高于踝，脚尖自然下垂不着地；同时，右手持棍，向前（东）下方稍引伸探刺，手心朝上，左手向右肩前约20厘米处回按，手心向下；目视棍梢方向。（图38、图38附图）

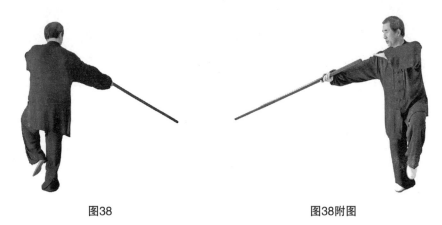

图38   图38附图

③重心不变，腰胯及上体稍左转；左脚向左（西）迈出一步，脚跟着地；同时，左手向下沉按搂拦至左腹前约30厘米处，手心向下，右手持棍，手臂稍外旋，向右肩侧上方提带棍把，手心朝上，高不过头；目视前（西）方。（图39）

图39

④重心前移，腰胯及上体继续左转；右腿（膝）蹬伸不挺；左脚踏实，左腿屈膝成左弓步；同时，左手向左上弧形挥摆，举亮于左额前上方，手心朝前，指尖斜朝上，右手持棍向正胸前（西）抡甩棍身劈击，手心向左，虎口朝上，棍臂一线，高不过肩；目视前方。（图40）

图40

⑤重心后移，腰胯及上体左转；右脚不动，左脚脚尖翘起稍外摆；同时，右手持棍向左下方轮格截击，止于左胯前约25厘米处，手心向左，虎口朝前下，左手弧形向下迎扶右手腕于左下腹前；目视棍之前段。（图41）

图41

⑥重心前移，左脚踏实，右脚提起经左脚脚踝处向前迈出一步，脚跟着地；同时，右手持棍，边内旋边向上提带棍把于左额侧前上方约15厘米处，手心向外，虎口朝左下，左手手心向下，沉按至左胯旁；目光追随棍梢，至左后下方时，转视正前方。（图42）

⑦重心前移，腰及上体右转；左腿（膝）蹬伸不挺，右脚踏实，右腿屈膝成右弓步；同时，右手持棍，向正前（西）方抡甩劈击，手心向左，虎口朝上，棍臂一线，高约与肩平；左手稍向后即向左上弧形挥摆，举亮于左额前上方，手心向外，指尖斜横；目视前方。（图43）

图42

图43

八、左右歇步斜下击

①重心不变，原步型不变；右脚脚尖稍外摆，腰胯及上体稍右转；同时，右手持棍，向右下带截，手心向下，止于右胯侧前约25厘米处，左手向胸前横拦，手心向右，指尖向上，高不过眉；目视前方。（图44）

②重心前移至右脚，腰胯及上体左转；左脚向前收提于右脚脚踝处，不落地；同时，右手持棍，边外旋手臂，边向左额前上方带托拦格棍身，高与头平，棍梢略低于棍把，指向右前方，左手随势稍向右即向左下搂带并外旋手心向上，止于左腰际；目视左前方。（图45）

图44

图45

③重心前移，腰胯及上体右转；左脚向前横落，双腿屈蹲成歇步（亦可成半歇步）；同时，右手持棍，内旋手臂，向前（西）下方抡带甩腕斜劈（击），手心向下，与腰同高，止于右胯前约40厘米处，棍梢低于棍把，梢尖指向左前方，左手指尖引领向上，经右肘关节（曲池）向左上方穿插挥扬，掌心向内，指尖斜朝上；目视前方。（图46）

④重心前移至左脚，身体稍向上起升；腰胯左转，左脚踏实，右脚向前收提于左脚脚踝处，不落地；同时，右手持棍，边外旋手臂边向左额前上方带托拦格棍身，高与头平，棍梢略低于把，梢尖指向右前方，左手随势向左后下方弧形挥摆并内旋手臂，致手心向上，止于左腰际；目视左前方。（图47）

图46

图47

⑤重心不变，腰胯及上体右转；右脚经左踝向前横落，双腿屈蹲成歇步；同时，右手持棍，手臂内旋向前（西）下方抡带甩腕斜劈（击），手心向下，与腰同高，止于右胯侧偏前约30厘米处，棍梢低于把，梢尖指向正前略偏右，左手指尖引领，经右肘关节（曲池）向左上方穿插挥扬，掌心向内，指尖斜朝上；目视棍尖方向。（图48、图48附图）

图48　　　　　　　　　　　　　　图48附图

⑥下盘姿势不变，腰胯及上体左转，身体稍向上起升；同时，右手持棍，边内旋向左上格挂棍身，手心向外，止于右额前（偏上）约35厘米处，把高梢低，左手顺势，手心向下，虎口朝右，在右手虎口前接握棍身并滑握棍之梢段，协同右手举架，止于左肩侧前约50厘米处；目视左前方。（图49）

图49

⑦重心前移至右脚，腰胯及上体右转（幅度要大）；左脚向前收提至右踝处，不落地；同时，左手向右肩前，边推移棍身，边换把并滑握（右手前）棍之把段，手心向下，虎口朝右，右手向左前臂下方推移棍把，并翻转手心向内，虎口朝右。棍梢略高于棍把，指向右后方；目视棍梢方向。（图50）

图50

⑧重心稍前移，腰胯及上体左转；右脚踏实，左脚由右脚脚踝处向前横落，双腿屈蹲成歇步；同时，左手持棍，向前（西）下方抡带甩腕斜劈（击），手心向下，与腰同高，止于左胯前约40厘米处，棍梢低于棍把，指向右前，右手指尖引领，向右上方穿插挥扬，掌心向内，指尖斜朝上；目视棍尖方向。（图51）

图51

⑨重心前移，腰胯及上体右转，身体稍向上起升；左脚踏实，右脚向前收提于左踝处，不落地；同时，左手持棍，边外旋边向右额前上方带托拦格棍身，手心向内，高与头平，棍梢略低于把，梢尖指向左前方，右手随势向右后下方弧形挥摆并外旋手臂，至手心向上，止于右腰际；目视左前方。（图52、图52附图）

图52　　　　　　　　　　　图52附图

⑩重心稍前移，腰胯及上体左转；右脚向前横落，两腿屈蹲成歇步；同时，左手持棍，内旋手臂，向前（西）下方抢带甩腕斜劈（击），手心向下，与腰同高，止于左胯侧约30厘米处，棍梢低于棍把，指向正前略偏左，右手指尖引领，经左肘关节（曲池）向右上方穿插挥扬，掌心向内，指尖斜朝上；目视棍尖方向。（图53）

图53

九、左转平抡正劈棍

①重心前移，腰胯右转，身体稍向上起升；右脚踏实，左脚向前收提于右脚脚踝处，不落地；同时，左手持棍，边外旋边向右额前上方带托拦格棍身，手心向内，高与头平，棍梢略低于把，指向左前方，右手随势迎扶于左手脉门处，手心向外，指尖斜朝上；目视左前方。（图54）

图54

②重心稍前移，上体极力右转；右脚不动，左脚经右脚向前一步，脚跟着地；同时，左手持棍，边内旋，边向右后方带甩盖劈，手心向下，棍身略平，与胸同高，右手随势移扶于左手腕（掌背侧），手心向下；目视右后方。（图55、图55附图）

图55

图55附图

③重心前移，身体左转180°；左脚尖外摆踏实，右脚向前（西）一小步，脚尖极力内扣，成夹马步；同时，左手持棍，向左后（正东）平胸横抢，手心向下，高不过肩，右手随势前摆，自然向右（西）伸展，手心向下；目视棍梢方向。（图56）

图56

④重心移向右脚，腰胯向右后转动；右腿（膝）蹬伸不挺，左脚提起随即向前（正东）迈出一步踏实，左腿屈膝成左弓步；同时，左手持棍，内旋手臂，致手心向后，虎口向下，向后（西）回带格挂棍身，继而再外旋手臂，向前（正东）抢甩劈击，虎口向前，与胸同高，棍稍略高于把，右手随势顺把（虎口向前）在左手后接握棍把；目视前方。（图57）

图57

第二段 十至十四式

十、活步绞格推击棍

①重心后移，腰右转；两脚位置不变，左腿（膝）蹬伸不挺，右腿屈膝成侧弓步；同时，右手平胸后抽棍把，左手（臂）边内旋边翻转手心向下换把（双阴把），并向前滑握棍之梢段；目视棍梢。（图58）

②腰左转，重心前移；右腿蹬伸，左腿屈膝成左弓步；同时，右手向胸前推劈棍把，手心向下，虎口朝后，高约与肩平；左手向右腋下推移棍梢，手心向上，虎口朝前；目视前方。（图59）

注：此势为本式的过渡动作。

图58

图59

③重心前移至左脚，腰胯稍右转；右脚随势向前收提于左脚内踝处，脚尖自然下垂，不着地；同时，右手稍向左即向后拉带棍把于右胸前，手心斜向外，高不过肩，左手稍向右即向前下带挑棍梢，手心向下，高不过胸；目视前下方。（图60）

图60

④腰胯及上体左转；左脚不动，右脚向前一步，脚跟着地；同时，左手向左后上方拉带棍稍于左肩前约20厘米处，高不过肩，右手向前推移棍把，低不过腰；目视前方。（图61）

图61

⑤重心前移，腰胯及上体右转；右脚原地踏实，左脚向前跟进半步，全脚掌踏实（重心微偏前），止于右脚后方偏左，两脚横向距离约10厘米；同时，右手向右胁前约20厘米处拉带棍把，高不过胸，左手向左胸前约50厘米处推击棍梢；目视前方。（图62）

图62

⑥腰胯右转；左脚不动，右脚向前垫步（活步）；同时，左手持棍向前略偏右推移至胸前约40厘米处，手心向下，右手向后略偏内拉带棍把至右胁前约10厘米处，手心向下；目视前方。（图63）

图63

⑦腰胯及上体左转；重心前移至右脚，左脚收提至右脚内踝处，不触地；同时，左手持棍之梢段，向左后弧形拉带至左肩前约10厘米处，手心向下，右手持棍之把段，向前稍偏左下弧形（幅度尽量大）推移至右胁前约40厘米处，手心向下；目视前方。（图64）

图64

⑧腰胯及上体右转；重心仍在右脚不变，左脚向前一步，脚跟着地；同时，右手向右后略偏上弧形拉带棍把至右肩前约20厘米处，手心向下，高不过肩，左手向左前下方弧形推移棍梢，至左胁前约40厘米处，手心向下，低不过腰；目视前方。（图65）

图65

⑨重心前移，腰胯及上体左转；左脚踏实，右脚随势跟进半步，脚掌踏实（重心微偏前），止于左脚后方偏右处，两脚横向距离约10厘米；同时，左手向左胁前约20厘米处拉带棍梢，右手向右胸前约50厘米处推击棍把，双手手心均朝下；目视前方。（图66）

图66

⑩腰胯左转；右脚不动，左脚向前垫步（活步）；同时，右手持棍向前略偏左推移至胸前约40厘米处，手心向下，左手向后略偏内拉带棍梢至左胁前约10厘米处，手心向下；目视前方。（图67）

图67

⑪腰胯及上体右转；重心前移至左脚，右脚收提至左脚内踝处，不触地；同时，右手持棍之把段，向右后弧形拉带至右肩前约10厘米处，手心向下，左手持棍向前稍偏右下弧形（幅度尽量大）推移至腹前约40厘米处，手心向下；目视前方。（图68）

图68

⑫重心仍在左脚不变，右脚向前一步，脚跟着地；腰胯及上体左转；同时，左手向左后略偏上弧形拉带棍梢至左肩前约20厘米处，手心向下，右手向右前下方弧形推移棍把至右胁前约40厘米处，手心向下；目视前方。（图69）

图69

⑬重心前移，腰胯及上体右转；右脚踏实，左脚随势跟进半步，脚掌踏实（重心微偏前），止于右脚后方偏左，两脚横向距离约10厘米；同时，右手向右胁前约20厘米处拉带棍把，左手向左肩前约50厘米处推击棍梢，双手手心均朝下；目视前方。（图70）

图70

十一、活步挑劈三连击

①重心前移，腰左转；左脚原处踏实，右脚向前一步，右腿屈膝成小过渡弓步；同时，左手稍向前即向后拉带棍梢至左肩前约10厘米处，右手稍向后即向前推挑棍把于腹前约50厘米处，高不过心窝，手心向下；目视前方。（图71）

图71

②重心前移，腰右转；右脚踏实，左脚上前一小步，脚跟着地；同时，右手持棍向左腋下拉带棍把，手心向上，左手向正胸前推劈棍梢，低不过肩；目视前方。（图72）

图72

③重心前移，腰左转；左脚脚尖外摆踏实，右脚向前迈出一小步，脚跟着地；同时，左手持棍向左后拉带棍梢于左肩前约10厘米处，右手向前带挑棍把于腹前约50厘米处，高不过心窝，手心向下；目视前方。（图73）

图73

十二、转身递进前戳把

①重心基本不变，腰胯及上体左后转（胸向正西）；右脚脚尖极力内扣踏实并承重，左脚以脚跟为轴，脚尖外摆后点地，脚跟虚起成左虚步；同时，左手向右腋下推移棍梢，手心向上，右手向左后（正西）方推劈棍把，手心向下，高与肩平；目视左前方。（图74）

图74

②紧接上势，下盘位势不变；右手向后水平拉带棍身至右肩前约10厘米处即再向前平推戳击，手臂直而不挺，高约与肩平，左手持棍，动作不变，唯松握棍身，致棍身在手中能来回滑动；目视前方。（图75）

图75

③紧接上势，下盘位势不变，腰胯右转（胸向西北）；左手握实棍身，手臂稍内旋，向左（正西）平直推戳棍把，臂直而不挺，虎口向上，高约与胸齐，右手顺势向右平摆，手心向右，指尖向上；目视棍把方向。（图76）

图76

十三、左右翻身挂劈棍

①腰胯右转，重心完全移至右脚，左脚原地提起再前迈一小步，脚跟着地；同时，左手持棍，内旋手臂，向下、向右后弧形格带回抡至左胸前约20厘米处，手心斜向左下，虎口朝右，高不过胸，右手手心向左，虎口朝上，弧形向下、向前，在左腹前接握棍身，并滑握棍之把段，后带至右胯侧（略偏后）约10厘米处，虎口朝上，手心向下；目光随棍把至右后即反向前视。（图77）

图77

53

②重心前移，腰胯及上体左转；左脚踏实，左腿屈膝，右腿（膝）蹬伸，直而不挺，成左弓步；同时，左手稍向上即向前、向左后下提、挥、拉、带棍梢，止于左腰际，手心向内，右手稍向后即向上、向前拉、提、推劈棍把，止于胸前约40厘米处，手心向下，虎口朝后，高不过肩；目视前方。（图78）

③重心不变，腰胯及上体稍左转；右脚不动，左脚脚尖外摆；同时，右手向左前下方推移棍把，止于左胯前约50厘米处，左手稍向上提带棍稍至左胁前约10厘米处；目视前下方。（图79）

图78

图79

④重心前移，腰继续左转；左脚踏实，右脚提起经左脚内踝处向前迈出一步，脚跟着地；同时，右手持棍继续向左下方弧形推移棍把至左胯前约20厘米处，左手继续稍向上提带棍梢于左肩前10厘米处；目视前下方。（图80）

图80

⑤重心前移，腰胯及上体右转；右脚踏实，右腿屈膝前弓，左腿（膝）蹬伸，直而不挺，成右弓步；同时，右手持棍向左腋下推移棍把，手心向上，虎口朝前，左手向正胸前推劈棍梢，臂直而不挺，手心向下，虎口朝后，高约与肩平；目视前方。（图81）

⑥重心不变，腰胯及上体右转；右脚脚尖外摆，左脚不动；同时，左手持棍向下、向右后拨带棍梢至右胯侧前约20厘米处；右手稍向外、向上推移棍把；目视右下方。（图82）

图81

图82

⑦重心前移，腰胯及上体左转；右脚踏实，左脚向前收提于右踝处，不落地；同时，左手持棍向右、向上、向前（正西）立圆挥甩棍梢，高约与肩平，右手向下、向右后拉带棍把至右胯侧；目视前方。（图83）

图83

⑧重心不变，腰及上体右转；左脚向前一步，脚跟着地，右脚不动，右腿屈膝，成右侧弓步；同时，两手把法不变，协同向右后（正东）方拉带并捣棍把，高约与腰平；目视棍把方向。（图84）

图84

⑨重心左移，腰及上体先右转继而左转（幅度尽量大）；左脚极力内扣，左腿屈膝下蹲，右脚提起向左脚后倒插一大步，双腿屈蹲成歇步（亦可成插步）；同时，两手协同，稍向右后（东）拉带棍身；随即，左手向右腋下推移棍梢，手心向内，虎口朝上，右手向左后（正西）立圆推甩棍把劈击，手心向下，虎口朝内，棍身略平，高不过胸；目视棍把方向。（图85、图85附图）

图85   图85附图

⑩紧接上势，腰胯及上体极力向右拧动做180°翻转；随之，右脚脚跟边内踏边移重心至右脚，左脚脚尖随之逐渐翘起并内扣，成过渡大虚步；同时，右手持棍向下、向右（东）、向上带拨、提拉棍把于右胸前约35厘米处，高约与肩平，手心向右，虎口朝下，左手向下、向前沉带棍梢至左胯前约45厘米处，手心向下，虎口朝上；目视前方。（图86）

⑪重心右移，腰胯及上体右转；左脚尽量内扣踏实并承重，左腿（膝）蹬伸，直而不挺，右脚脚尖外摆踏实，右腿屈膝成右弓步；同时，右手持棍先向右（西）拉带再向左腋下推移棍把，手心向上，虎口朝前，左手先向上再向胸前（正西）推劈棍梢，手心向下，虎口朝后，高约与肩平；目视前方。（图87）

图86

图87

⑫重心后移，腰及上体右转；两脚位置不变，左腿屈膝，右腿（膝）蹬伸，直而不挺，成过渡成大虚步；同时，左手向右前下方拨带棍梢至右胯侧前约20厘米处，右手稍（有一点即可）向外、向上推移棍把；目视右下方。（图88）

⑬紧接上势，重心前移，腰及上体左转；两脚位置不变，右腿屈膝，左腿（膝）蹬伸，直而不挺，成右弓步；同时，左手向右、向上、向正前（正西）立圆挥甩棍梢，高约于肩平，右手向下、向右后拉带棍把至右胯侧；目视前方。（图89）

图88

图89

⑭紧接上势，下盘位置不变，腰右转；左手向右前下方推拨棍梢至右胯前约35厘米处，右手向右肩前约15厘米处提带棍把；目视前下方。（图90）

图90

⑮紧接上势，下盘仍不变，腰胯及上体左转；左手向右腋下推移棍梢，手心向上，虎口朝前，右手向胸前（正西）推劈棍把，手心向下，虎口朝后，高约与肩平；目视前方。（图91）

⑯紧接上势，重心后移，腰胯及上体左转；右脚脚尖内扣，右腿（膝）蹬伸，直而不挺，左腿屈膝，成过渡左侧弓步；同时，右手持棍，向左下方带拨棍把至左胯侧前约20厘米处，左手稍（有一点即可）向外、向上推移棍梢；目视左下方。（图92）

图91

图92

⑰紧接上势，重心右移，腰及上体稍左转即右转；右脚踏实，右腿屈膝，左腿（膝）蹬伸，直而不挺，成过渡右侧弓步；同时，右手持棍，向左（东）、向上、向右（西）立圆抡甩棍把，手心向下，虎口朝后，高约与肩平，左手向左后拉带棍梢至左腹前，手心向内，虎口朝前；目视棍把方向。（图93）

图93

⑱紧接上势，重心前移，腰及上体先左转继而右转（幅度尽量大）；右脚踏实，左脚提起向身后（西）倒插一大步，双腿屈蹲成歇步（亦可成插步）；同时，左手持棍，在右手的协同下，向左拉带棍身平搋，随即向上、向右后（正西）立圆推甩棍梢劈击，手心向下，虎口朝内，棍身略平，高不过胸；右手随势向左腋下推移棍把，手心向下，虎口朝内；目视棍梢方向。（图94）

⑲紧接上势，腰胯及上体极力向左拧动翻转180°；左脚脚跟边内踏边移重心于左脚，右脚脚尖随之逐渐翘起并内摆，成过渡大虚步；同时，左手持棍向下、向左（东）、向上带拨、提拉棍梢至胸前约35厘米处，高约与肩平，手心向左，虎口朝下，右手向下、向前沉带棍把于右胯前约45厘米处，手心向内，虎口朝上；目视前方。（图95）

图94

图95

⑳重心左移，腰胯及上体左转；右脚尽量内扣踏实，右腿（膝）蹬伸，直而不挺，左脚脚尖稍外摆踏实，左腿屈膝，成左弓步；同时，左手持棍，稍向左（西）拉带即向右腋下推移棍梢，手心向上，虎口朝前，右手稍向上即向前（正西）推劈棍把，手心向下，虎口朝后，高约与肩平；目视前方。（图96）

图96

十四、左转撤步返身劈

①重心后移，腰胯及上体左转坐身；右腿屈膝，左脚以脚跟为轴，外摆脚尖，左腿（膝）蹬伸，直而不挺；同时，右手向左下带拨棍把至左胯前约50厘米处，手心向内，虎口朝后，左手由右腋下稍（有一点即可）向前上推移棍梢；目视左前下方。（图97）

图97

②重心前移，腰及上体继续左转；左脚脚尖稍外摆踏实，右脚提起，经左脚脚踝处向前迈出一步，脚跟着地；同时，右手持棍，内旋手臂，向后、向上弧形提带棍把至左额前上方约20厘米处，左手向下、向后、向左滑握、拉带棍梢于左胯侧约10厘米处；目视正前方。（图98）

图98

③重心前移，腰胯及上体右转；右脚踏实，右腿屈膝，左腿（膝）蹬伸，直而不挺，成右弓步；同时，右手持棍，向右（正西）带甩劈击，臂、棍成一线，直而不挺，高与肩平，手心向左，虎口朝上，左手松开棍身，向左上方弧形挥摆，举亮于左额前上方；目视前方。（图99）

图99

④重心前移至右脚，腰胯左转；左脚提起向右（西）方倒插一大步；同时，右手持棍，外旋手臂，原地翻转手心向上，棍势不变，梢略低于把，把高不过肩，左手弧形向右肩前按落，手心向下，指尖朝右；目视右后（西）方。（图100）

图100

⑤重心后移至左脚，腰胯及上体左转；左腿屈膝，右脚提起向身后倒退一大步，蹬伸不挺，成左弓步；同时，左手先向下按搂，继而弧形向左上挥摆，举亮于左额前上方，指尖朝右偏上，手心斜向前上方，右手持棍，向胸前（正东）带甩棍身抢劈，手心向左，虎口朝上，高不过肩；目视前方。（图101）

图101

63

第三段 十五至十九式

十五、连续丁步点戳棍

①重心前移，腰及上体右转；左脚踏实承重，左腿屈膝下蹲，右脚提起向前跟进，止于左踝处，脚尖不（亦可轻灵着地）着地；同时，右手持棍，先稍内旋再外旋，向右胯前（略高于胯）沉腕回挂格带，棍梢斜朝前上，手心向左，虎口朝上，把高不过腰；左手随势下落，手指扶于右腕挠骨一侧，手心向下；目视前方。（图102）

②重心前移，腰及上体左转；左脚用力蹬地，右脚向前（东）跨一大步（勿起伏），右腿屈膝下蹲；左脚随即向前跟进，止于右脚内踝处，脚尖点地，成丁步；同时，右手持棍向正前（东）推移棍身点刺，手心向左，虎口朝上，棍臂成一线，高不过胸，左手顺势向左、向上弧形摆举于左额前上方亮掌，手心向外，指尖斜朝上；目视前方。（图103）

图102

图103

③重心移向左脚，腰及上体右转；左脚踏实承重，右脚提起向前一（尽量大）步，脚跟着地；同时，右手持棍，先稍内旋再外旋，向右胯前（略高于胯）沉腕回挂格带，棍梢斜朝前上，手心向左，虎口朝上，把高不过腰，左手随势下落，手指扶于右腕挠骨一侧，手心向下；目视前方。（图104）

④重心前移，腰及上体左转；左脚用力蹬地，右脚向前（东）跨一步（勿起伏），右腿屈蹲，左脚随即向前跟进，止于右脚内踝处，脚尖点地，成丁步；同时，右手持棍，向正前（东）推移棍身点刺，手心向左，虎口朝上，棍臂一线，高不过胸，左手顺势向左、向上弧形摆举于左额前上方亮掌，手心向外，指尖斜朝上；目视前方。（图105）

图104

图105

注：此势的两个"点刺"，要以刺为主，不能做成"点棍"。

十六、连续退撩崩点棍

①重心不变，腰胯及上体左转；右脚不变，左脚后撤一步，成过渡右弓步；同时，右手持棍，边外旋边向左额前（稍上）抽带棍把，手心向内，棍梢略低于棍把，左手迎扶于右手手腕脉门处，手心向外；目视前方。（图106）

②重心左移，腰及上体右转；左脚踏实，左腿屈膝，右脚提起由左脚后向身后退伸，成交叉步；同时，右手持棍，内旋手臂，稍向左即向下、向前（东）立圆带甩撩出，手心向右，虎口朝下，高不过胸，棍梢低于把；左手向下、向后弧形后摆，高约与肩平，手心向后，指尖斜横；目视棍梢方向。（图107）

图106

图107

③重心微后移，腰稍右转；两脚不变，双腿屈膝下蹲，成半歇步；同时，右手持棍，边外旋边向右胯前约35厘米处沉带翘腕，致虎口一侧棍梢向后上崩敲，棍梢斜指前（东）上方，略低于肩，左手原势弧形上摆举亮于左肩侧上方，手心向外，指尖斜向上；目视前方。（图108）

图108

④重心微后移，腰胯及上体左转；右脚不动，左脚提起向身后（西）撤一步，右腿屈膝，成过渡右弓步；同时，右手持棍，边外旋边向左额前抽带棍把，手心向内，虎口朝右，棍梢略低于棍把，左手向上弧形迎扶于右手手腕脉门处，手心向外；目视前方。（图109）

图109

⑤紧接上势，下盘不变，腰右转；右手持棍，内旋手臂，稍向左即向下、向前（东）立圆带甩撩出，手心向右，虎口朝下，高不过胸，棍梢低于棍把，左手顺势向下、向后弧形挥摆，手心向外，指尖斜朝上，高约与肩同；目视前下方。（图110）

图110

⑥重心后移至左脚，腰胯及上体右转；右脚收撤至左脚内踝处，脚尖点地，两腿屈蹲成丁步；同时，右手持棍，边外旋边向右胯前约20厘米处沉带翘腕，致棍梢向后上崩敲，斜指前（东）上方，略高于肩，左手稍向上、向前下方弧形沉落，在右胯前迎扶于右手腕虎口一侧，手心向下，指尖向右；目视前方。（图111）

图111

⑦重心不变，腰及上体极力右转；左脚不动，右脚提起向前一步（步幅尽量大），脚跟着地；同时，右手持棍，直立向后拉带棍身至右胁前约10厘米处，左手仍扶于右腕上；目视前方。（图112）

图112

⑧重心前移，腰胯及上体左转；右脚踏实承重，左脚蹬地跟进至右脚内侧（左脚拇趾与右脚跟近齐，间距不大于10厘米）；同时，右手持棍，向前稍上推提棍把，高不过胸，使棍梢着力向前下点啄，高约与踝同，手心向左，虎口朝上，左手顺势稍向左即向上弧形挥摆举亮于左额侧上方，手心斜向上，指尖朝右；目视棍梢方向。（图113）

图113

十七、歇步下击右转身

①重心左移，腰胯及上体左转；左脚踏实，右脚跟虚起；同时，右手持棍，边外旋边向左额前（可略高于头）提带棍身，手心向内，虎口朝右，棍把略高于棍梢，左手随势迎扶于右手腕脉门处，手心朝外；目视前方。（图114）

②重心微前移，腰胯及上体右转；左脚不动，右脚提起向前外摆脚尖横落，双腿屈蹲成歇步；同时，右手持棍，内旋手臂，稍向左即向右前下方甩腕斜劈（击），手心向下，虎口斜朝前，高不过腰，止于右胯前约40厘米处，棍梢斜指前方偏左，左手随势外旋手臂，翻转手心朝内，向左肩侧上方伸插摆举，略高于头，手心向内，指尖朝上；目视前下方。（图115）

图114

图115

③重心前移，腰左转；右脚不动，左脚收提于右脚内踝处，脚尖不着地；同时，右手持棍，边稍内旋边向左上挂格棍身，高约与头平，手心向外，虎口朝左偏下，棍身（梢低于把）斜横额前，左手随势迎扶于右手腕掌背侧；目视前方。（图116）

图116

④重心不变，腰胯及上体极力右转；右脚不动，左脚向前一小步，脚跟着地；同时，右手持棍，稍向上即向右后方拉带棍身（近似刀术之缠头），手心向前，虎口斜向左下，止于右肩上方，左手稍向下即向左沉按外撑，手心斜朝左下，略高于腰；目视左前方。（图117）

图117

⑤重心前移，腰胯及上体左转；右脚仍不动，左脚尖外摆踏落，双腿屈蹲成歇步；同时，右手持棍，边外旋边向左前下方挥臂甩腕斜劈（击），手心向上，虎口斜朝前，高不过腰，止于左胯前约40厘米处，棍梢斜指前方偏右，左手随势弧形摆举于左肩侧上方，手心朝外，指尖斜朝上，略高于头；目视棍梢方向。（图118）

图118

⑥重心前移，身体稍起；左脚不动，右脚提起，收止于左脚脚踝处轻灵点地；同时，右手持棍，稍外旋前臂，向左额前提格棍身，手心向内，棍稍低于棍把，左手顺势扶于右手脉门处，手心向外；目视前方。（图119）

图119

⑦重心不变，腰胯左转；左脚承重，右脚向前迈出一步，脚跟着地；同时，右手持棍，由上而下，向身体左后（西）方抡甩前臂劈出，止于左胁前，高与胸平，手心向内下，梢略高于把，致棍身斜横于左肩侧前约20厘米处，左手顺势向右肩前（有推撑之意）下落，塌腕舒指，手心向右，指尖朝上，高不过耳；目视左后方。（图120）

图120

⑧重心右移，腰胯右转；右脚踏实并屈膝，左腿（膝）蹬伸，直而不挺，成过渡右弓步；同时，右手持棍，内旋手臂，向右（正东）平胸横抡，手心向下，高不过肩，左手随势成俯掌，沿右前臂向左（正西）对拉分撑，手心斜向下；目视棍梢方向。（图121）

图121

⑨重心前移，以右脚脚跟为轴，脚尖外摆（实腿转）踏实并承重；左脚向正前（东）上一大步，脚尖内扣，全身向右转动180°，成过渡马步；同时，右手持棍，向右后（正西）平胸横抢，手心向下，高不过肩；左手原势不变，随身法右转自然向前（东）平摆分撑，手心斜下，指尖斜上，高不过肩；目视前方。（图122）

⑩重心后（左）移，腰胯及上体右转；左脚不动，右脚顺势后（东）撤一大步，踏实，左脚脚跟为轴，脚尖内扣，重心随之右移；同时，右手持棍，先外旋再内旋，抢动棍身在头顶顺时针平云一周，止于胸前约30厘米处，手心向下，梢低把高，左手顺势向下、向右、经小腹向上，在右手前接握棍身并滑握棍之梢段，止于左胁前约40厘米处，手心向下；目视前方。（图123）

图122

图123

⑪重心后移至右脚，腰稍右转；右腿直立不挺，左腿屈膝提起，脚尖自然下垂，成独立势，整个身体直立松沉、大气岿然；同时，右手止于右额前约35厘米处，手心向外，左手止于小腹（丹田）前约30厘米处，棍梢轻贴于左脚掌背近踝处，手心向内；目光先随棍走，继而平视前方。（图124）

图124

十八、舞花马步侧戳棍

①重心不变，腰稍右转；右腿屈蹲，左脚向左（西）迈出一大步，脚跟着地；同时，双手持棍，手型、把法不变，在左脚向左伸铲迈出的同时，稍向右带格棍身；目视前（西）方。（图125）

图125

②重心前移，腰胯及上体左转；右脚蹬地，膝关节舒伸不挺，左腿屈膝成左弓步；同时，左手向右腋下推移棍梢，手心向上，虎口朝前，右手向正胸前推劈棍把，手心向下，虎口朝后，高约与肩平；目视前方。（图126）

③重心后移，腰胯及上体稍左转；左脚脚尖翘起外摆；同时，右手持棍，向左下带拨棍身，止于左胯前约20厘米处，手心向右，虎口朝后，高约与腰平，左手稍向前上推移棍梢；目视棍把方向。（图127）

图126

图127

④重心前移，腰胯稍左转即右转；左脚脚尖外摆踏实，右脚提起向前收至左踝处，不着地；同时，右手持棍，先向左后继而向上、向前弧形挥劈，手心向下，虎口朝后，高约与肩平，左手持梢把稍向前即向下、向后拉带棍梢至左腰侧，低不过裆；目视前方。（图128）

图128

⑤重心不变，右脚向前迈出一大步，脚跟着地；同时，右手持棍，向左前下方推拨棍把至左胯前约50厘米处，手心向下，虎口朝上，左手向上提带棍梢至左肩前约15厘米处，手心向下，虎口朝右；目视棍把方向。（图129）

⑥重心前移，腰胯及上体右转；左脚蹬地，膝关节舒伸不挺，右腿屈膝，成右弓步；同时，右手向左腋下推移棍把，手心向上，虎口朝前，左手向正胸前推劈棍梢，手心向下，虎口朝后，高约与肩平；目视前方。（图130）

图129

图130

⑦重心后移（幅度尽量大），腰胯及上体左转；两脚位置不变，右脚随势内扣，左腿屈膝，成过渡左侧弓步；同时，两手原势不变，协同向左平抽棍身，致棍身落于右前臂上；目随左手。（图131）

图131

⑧重心稍右移，腰稍右转；右脚踏实，两腿自然屈膝成正马步，胸向正前（南）；同时，右手持棍，手臂稍内旋，向右（正西）平胸平棍推伸戳（刺）击，手心向前，虎口朝上，棍臂成一线，高不过胸，左手顺棍身向左变掌平摆外撑，手心向左，指尖斜横，高不过肩；目视棍尖方向。（图132）

⑨重心稍后移再前移，腰胯及上体右转；左脚不动，膝关节蹬伸不挺，右脚脚尖原地翘起外摆踏落，右腿屈膝，成过渡右弓步；同时，右手持棍，以腕为轴，先稍外旋再内旋手臂，向下、向后、向上、向前格带抡劈，右手止于右胯前约10厘米处，手心向内，左手先外旋再内旋，向下经左腰际向右肘关节处伸插，并顺右手臂向前滑握棍之梢段，高不过肩，手心向下，虎口朝后；目视前方。（图133）

注：此势右手立圆抡动棍身，类似剑术的剪腕，要以腕为轴，切勿过开。

图132

图133

⑩重心前移至右脚，腰胯及上体右转；左脚提起，向前经右脚脚踝迈出一大步，脚跟着地；同时，左手持棍，向右前下方推拨棍梢至右胯前约50厘米处，手心向下，虎口朝上，右手向上提带棍把至右肩前约15厘米处，手心向下，虎口朝左；目视前下方。（图134）

图134

⑪重心前移，腰胯及上体左转；右脚蹬地，膝关节舒伸不挺，左腿屈膝，成左弓步；同时，左手向右腋下推移棍梢，手心向上，虎口朝前，右手向正胸前推劈棍把，手心向下，虎口朝后，高约与肩平；目视前方。（图135）

图135

⑫重心后移,腰胯及上体右转;两脚位置不变,左脚随势内扣,成过渡右侧弓步;同时,两手原势不变,协同向右平抽棍身,致棍身落于左前臂上;目随右手。(图136)

图136

⑬重心稍左移,腰稍左转;左脚踏实,两腿自然屈膝成正马步,胸向正前(北);同时,左手持棍,手臂稍内旋,向左(正西)平胸平棍推伸戳(刺)击,手心向前,虎口朝上,棍臂一线,高不过胸,右手顺势向右变掌平摆外撑,手心向右,指尖斜横,高不过肩;目视棍把方向。(图137)

图137

十九、转身平抡递换把

①重心移向左脚，腰胯及上体右转；右脚由左脚内侧向身后伸插一大步；同时，左手持棍，手心向上，向右平抡，近胸中线（东北）时，内旋手臂，向左额前提带棍梢，手心向外，棍把指向右前（东南）方，右手向左腋下伸插，随即向左推撑，手心向左，指尖朝上；目视前方。（图138、图138附图）

图138

图138附图

②重心渐后移至右脚，身体大幅度右后转（不起身）；右脚以脚掌为轴，脚跟内踏，随之左脚以脚跟为轴，脚尖内扣，成过渡左虚步；同时，左手持棍，手臂在身体前先外旋，继而内旋云抡一周，手心向下，止于左胁前约40厘米处，右手顺势向下、向上，再至左肩上，沿左上臂滑接棍之把段，手心向外，虎口朝左，止于右肩前约35厘米处；目视前方。（图139）

图139

③重心移至右脚，腰稍右转；右腿直立不挺，左腿顺势松膝提起，脚尖自然下垂，胸向东南，成独立势；同时，两手协同，向右后（稍偏上）刮格棍身，致棍身斜立于身体右侧前：右手止于右额前约35厘米处，手心向外，左手止于小腹（丹田）前约30厘米处，手心向内，棍梢轻贴于左脚脚踝掌背侧；目光先随棍走，继而平视前方。（图140）

图140

第四段　二十至二十三式

二十、云格单手平抡棍（击四角）

①右脚不动，右腿屈蹲，左脚顺势向下、向左前（东南）迈出一步，脚跟先着地；随即重心前移，腰稍左转，左脚全脚踏实，左腿屈膝，成过渡左弓步；同时，两手协同，向左前偏上掤格棍身，致棍身斜横于胸前：右手止于右肩前，左手止于左胁前，两虎口相对，手心均朝下；目视前方。（图141）

图141

②重心前移，腰稍左转；左脚
不动，右脚提起，由左脚内侧向左
前（东南）迈出，脚尖外摆横落，
成盖步；同时，两手协同向左前
（东南）上方推格举架（棍身与进
攻轴线约成90度角）棍身：右手
止于右额前，略高于头，左手止
于左肩侧前，略低于头，两手把
法不变，手心向前；目视前方。
（图142）

图142

③重心移至右脚，腰胯及上体右转；右脚不动，右腿屈膝，左
脚提起向左侧（东南）方横开一步，脚跟着地，成过渡右侧弓步；同
时，两手协同，在额前上方逆时针云抡棍身：右手稍向后、向右即向
前、向左推移棍把，止于右胸前，位于左小臂下方，手心朝上，左手
稍向后即向右推移棍梢，待云抡右行过顶时，随势改换顺把（即虎口
向前，手心向下）并向右手前（紧靠虎口）滑握棍之把段，致两腕内
关交叠，棍梢指向右后（西北）方；目随棍走。（图143）

图143

④重心先左移随即微右移，腰胯及上体左转（幅度尽量大）；右脚不动，左脚脚尖稍内扣踏实，双腿屈蹲成马步；同时，两手协同，向左侧（东南）平胸横击，待发力时，右手松握递把，变掌摆立于左肩前约10厘米处，掌心向左，指尖朝上，左手持棍之把段，向左侧（东南）平胸横抢，手心向下，棍臂一线，臂直而不挺；目视棍梢方向。（图144）

⑤重心右移，腰胯及上体右转；左腿蹬伸不挺，右腿屈膝成过渡右侧弓步；同时，左手持棍，手臂稍内旋，向右格挂棍身，止于左胸前约45厘米处，手心向外，右手虎口向左，手心向外，由左胸前沿左上臂滑握棍之梢段并向右拉带，止于右胁前约40厘米处；目视右前方。（图145）

图144

图145

⑥重心右移，腰右转；左脚提起，向右侧后（西北）方伸插一步；同时，两手协同，向右前（西北）上方推格举架（棍身与进攻轴线约成90°角）棍身：左手止于左额前，略高于头，右手止于右肩侧前，略低于头，两手把法不变，手心向前；目视前方。（图146）

⑦重心移至左脚，腰胯及上体左转；左脚不动，左腿屈膝，右脚提起，向右（西北）侧横开一步，脚跟着地，成过渡左侧弓步；同时，两手协同，在额前上方顺时针云抡棍身：左手稍向后、向左即向前、向右推移棍把，止于左胸前，手心朝上，右手稍向后即向左推移棍梢，待云抡过顶时，随势改换为顺把（即虎口向前，手心向下），并向后（右）越过左手滑握棍之把段，虎口贴近左手小鱼际，棍梢指向左后（东南）方；目随棍走。（图147）

图146

图147

⑧重心先右移随即微左移，腰胯及上体右转（幅度尽量大）；左脚不动，右脚脚尖稍内扣踏实，双腿屈蹲成马步；同时，两手协同，向右侧（西北）平胸横击，待发力时：左手松握递把，变掌摆立于右肩前约10厘米处，掌心向右，指尖朝上，右手持棍之把段，向右侧（西北）平胸横抢，手心向下，棍臂成一线，臂直而不挺；目视棍梢方向。（图148）

⑨重心移至右脚，身体左转；左脚提起，向左后（东北）方横撤一步，脚掌着地；随即，重心左移，左脚踏实，继而右脚内扣，左脚尖外摆，成过渡左弓步；同时，两手协同，向左前偏上格带棍身，致棍身斜横于胸前：右手持棍，先外旋手臂，向左平胸横抢，待右手运行至正胸前（棍稍基本指向东南）时，内旋手臂，骤然翻转手腕，手心向外，向左前上方提举棍身，止于右肩前约45厘米处，左手随左脚后撤之势，向左平胸捋带，随即回迎右手并沿右臂向左滑握拉带棍之梢段，止于左胁前约40厘米处，与右手两虎口相对，手心朝下；目视前（东偏北）方。（图149）

图148

图149

⑩重心前移，腰左转；左脚不动，右脚提起，由左脚前向左侧前（东北）方迈出一步，脚尖外摆横落，成盖步；同时，两手协同向左侧前（东北）上方推格举架（棍身与进攻轴线约成90°角）棍身：右手止于右肩前，略高于头，左手止于左肩侧前，略低于头，两手把法不变；目视前方。（图150）

⑪重心移至右脚，腰胯及上体右转；右脚不动，右腿屈膝，左脚提起向左侧（东北）方横开一步，脚跟着地，成过渡右侧弓步；同时，两手协同，在额前上方逆时针云抢棍身：右手稍向后、向右即向前、向左推移棍把，止于右胸前，位于左前臂下方，手心朝上，左手稍向后即向右推移棍梢，待云抢右行过顶时，随势改换为顺把（即虎口向前，手心向下）并向右手前（靠近虎口）滑握棍之把段，致两腕内关交叠，棍梢指向右后（西南）方；目随棍走。（图151）

图150

图151

⑫重心先左移随即微右移，腰胯及上体左转；右脚不动，左脚脚尖内扣踏实，双腿屈蹲成马步；同时，两手协同，向左侧（东北）方平胸横击，待发力时：右手松握递把，变掌摆立于左肩前约10厘米处，掌心向左，指尖朝上，左手持棍之把段，向左侧（东北）方平胸横抢，手心向下，棍臂成一线，臂直而不挺；目视棍梢方向。（图152）

⑬重心右移，腰胯及上体右转；左腿蹬伸不挺，右腿屈膝成过渡右弓步；同时，左手持棍，手臂稍内旋，向右格挂棍身，止于左胸前约45厘米处，手心向外，右手手心向外，由左胸前沿左上臂滑握棍之梢段并向右拉带，止于右胁前约40厘米处；目视右前方。（图153）

图152

图153

⑭重心右移，腰右转；左脚提起，由右脚后向右后侧（西南）伸插一步；同时，两手协同向右前（西南）上方推格举架（棍身与进攻轴线约成90°角）棍身：左手止于左肩前，略高于头，右手止于右肩侧前，略低于头，两手把法不变，手心向前；目视前方。（图154）

⑮重心移至左脚，腰胯及上体左转；右脚提起向右侧方横开一步，脚跟着地；同时，两手协同，在额前上方顺时针云抢棍身：左手稍向后、向左即向前、向右推移棍把，止于左胸前，手心朝上，右手稍向后即向左推移棍梢，待云抢过顶时，随势改换为顺把（即虎口向前，手心向下）并向后（右）越过左手滑握棍之把段，虎口贴近左手小鱼际，棍梢指向左后（东北）方；目随棍走。（图155）

图154

图155

⑯重心先右移随即微左移，腰胯及上体右转；左脚不动，右脚脚尖稍内扣踏实，双腿屈蹲成马步；同时，两手协同，向右侧（西南）方平胸横击，待发力时：左手松握递把，变掌摆立于右肩前约10厘米处，掌心向右，指尖朝上，右手接握棍之把段，向右侧（西南）方平胸横抢，手心向下，棍臂成一线，臂直而不挺；目视棍梢方向。（图156）

图156

二十一、左右双手平抢棍

①两脚位置不变，腰胯及上体左转；右腿（膝）蹬伸不挺；左腿屈膝成过渡左弓步；同时，左手向左（东偏北）平摆立掌，掌心侧向前，指尖朝上，右手持棍，微向右引伸，与左手形成对拉态势；目视前（东偏北）方。（图157）

图157

②重心不变，两脚步型、步法不变，腰稍左转；右手持棍，边外旋边向前（东偏北）平胸横抢，手心朝上，左手手臂稍外旋，顺势在胸前，于右手虎口前，顺把接握棍身，手心朝上，虎口朝前；目视前方。（图158）

图158

③重心前移，腰胯继续左转；右脚提起经左脚向前偏左（东偏北）迈一步，脚尖外摆踏落成盖步；同时，两手持棍，稍向左即向后平胸抢带棍身，止于左上臂上，棍梢指向左后（西北）方（右手边内旋边向后抢带，手心向外，止于右肩前约35厘米处，略高于肩，左手松持棍身，配合右手稳固棍身和调控方向）；目视前方。（图159）

图159

④重心前移至右脚，左脚提起向前偏左（东偏北）迈出一步，脚跟着地；同时，两手持棍，把法、棍势不变，唯两手稍向上、向右推移棍身过顶，轻附于右肩侧，并与左脚前伸形成对拉内势；目视前（东偏北）方。（图160）

图160

⑤重心前移，腰胯及上体左转；右脚位置不变，左脚脚掌稍外摆踏实并屈膝，成过渡左弓步；同时，两手持棍把法不变，协同向前（东偏北）平胸横抢：右手外旋手臂，手心朝上；左手心朝下，两腕内侧交叠，位于左胸前，棍梢指向正东；目视前（东偏北）方。（图161）

图161

⑥重心前移，身体左转；左脚不动，右脚提起向前略偏左上一小步，脚尖尽量内扣踏落，成倒"八"字步；同时，两手持棍，把法不变，协同稍向左偏下即向后偏上抡带（棍梢先低后高）棍身，止于左上臂上。抡带过程中：右手臂内旋，手心向外下，左手臂外旋，至手心朝内下，两手位于右额侧前方约25厘米处，梢低把高，指向西南；目视左侧（正西）方。（图162）

图162

⑦重心移至右脚，腰胯及上体左转；左脚提起，由右脚后向正后（东）方，倒插一大步，脚前掌着地；同时，两手持棍，把法、棍势不变，唯两手稍向上、向右推移棍身过顶，轻附于右肩侧，梢指向东南；目视前（正西）方。（图163）

图163

⑧重心微（基本不变）后移，左脚脚跟内踏，右脚脚掌内扣，成过渡右弓步；同时，两手把法不变，协同向左侧（西）方平胸横抡：右手心向上，左手心朝下，高不过肩；目随棍走。（图164）

图164

⑨重心后（左）移，身体左转；右脚脚掌随即翘起并极力内扣，左脚脚跟为轴，脚尖外摆踏实，成过渡左弓步；同时，两手把法不变，协同向正前（东）方平胸横抡，高不过肩；目随棍走。（图165）

图165

⑩重心微前移，腰胯及上体继续稍左转，胸向正东偏北；右脚（腿）原地蹬伸不挺，左脚脚掌踏实，左腿屈膝成左弓步；同时，两手协同，向身后平胸带抢棍身，置棍身于左肩侧（左大臂上部外则）并轻贴，梢略低于把，指向正西偏南；目视前（东）方。（图166）

图166

⑪重心移向左脚，腰及上体微左转；右脚提起向前偏右上一步，脚跟着地；同时，两手持棍，把法、棍势不变，两手微向左推移棍把，与右脚前伸形成对拉内势；目视前方。（图167）

图167

⑫重心前移，腰胯及上体右转；左脚不动，右脚脚掌踏实，右腿屈膝成右弓步；同时，两手（左手可前后稍做滑动）持棍，把法不变，协同由左至右，向前（东偏南）平胸横抢，高不过肩，右手手心向下，左手手心朝上；目视前（东偏南）方。（图168）

图168

⑬重心前移，腰胯继续（幅度尽量大一点）右转；左脚提起由右脚内侧向前偏右迈一步，脚尖外摆踏落成盖步；同时，两手持棍，稍向右即向后回带平抢棍身，止于右上臂上，两腕内侧交叠，棍梢指向右后（西南）方。云抢过程：右手仍为主持手，边外旋边向后抢带，手心向内，止于左肩前约35厘米处，略高于肩，左手松持棍身，手心向下，配合右手稳固棍身和调控方向；目视前方。（图169）

图169

⑭重心前移至左脚，右脚提起向前偏右（东偏南）迈出一步，脚跟着地；同时，两手持棍，把法、棍势不变，唯两手稍向上、向左推移棍身过顶，轻附于左肩上，并与右脚前伸形成对拉内势；目视前（东偏南）方。（图170）

图170

⑮重心前移，腰胯及上体右转；左脚位置不变，右脚脚掌稍外摆踏实并屈膝，成过渡右弓步；同时，两手持棍把法不变，协同向前（东偏南）平胸横抢，右手心向下，左手心朝上，两手相距不过10厘米，棍梢指向正东偏北；目视前（东偏南）方。（图171）

图171

⑯重心前移，身体右转；右脚不动，左脚提起向前略偏右（东稍偏南）上一小步，脚尖尽量内扣踏落，成倒"八"字步；同时，两手持棍，把法不变，协同稍向右下即向后上抢带（棍梢先低后高）棍身，止于右上臂上。抢带过程：右手臂外旋，手心向内下；左手臂内旋，至手心朝下，两手位于左额侧前方约25厘米处，稍低把高，指向西北；目视左侧（正西）。（图172）

图172

⑰重心移至左脚，腰胯及上体稍右转；右脚提起，由左脚后向正后（东）方倒插一大步，脚前掌着地；同时，两手持棍，把法、棍势不变，唯两手稍向上、向右推移棍身过顶，轻附于左肩侧，棍梢指向东北；目视前（正西）方。（图173）

图173

⑱重心微后移；右脚脚跟内踏，左脚脚掌内扣，成过渡左弓步；同时，两手把法不变，协同向左侧（西）方平胸横抡，右手心向下，左手心朝上，高不过肩；目随棍走。（图174）

图174

⑲重心后（右）移，身体右转；左脚脚掌随即翘起并极力内扣，右脚以脚跟为轴，脚尖外摆踏实，成过渡右弓步；同时，两手把法不变，协同向正前（东）方平胸横抡棍身，高不过肩；目随棍走。（图175）

图175

⑳重心微前移，腰胯及上体继续右转；左脚（腿）原地蹬伸不挺，右脚脚掌踏实，右腿屈膝成右弓步；同时，两手协同，向身后平胸带抢棍身，置棍身于右肩侧（右上臂上部外侧）并轻贴。梢略低于把，指向正西偏北；目视前（东）方。（图176）

图176

二十二、转身左右撩击棍

①重心前移至右脚，左脚提起向身前（正东）上一步，脚跟着地，脚尖微翘；同时，两手持棍，把法不变，向身前（东）带甩棍身劈击：右手止于小腹前约20厘米处，左手向前滑握棍之中段，止于左胁前约40厘米处，略低于胸；目视前方。（图177）

图177

②重心左移，腰胯及上体右转；右脚不动（可稍碾动脚掌），左脚脚尖尽力内扣；同时，两手持棍，继续向下沉带棍身，左手顺势向梢段滑一点把，轻贴于左胯前，把略低于肩；目视棍梢方向。（图178）

图178

③身体右转，重心移至左脚，右脚提起由左脚后向身后（东）倒插一步，脚掌着地；同时，两手持棍，把法不变，继续向右后（西）拉带棍身，右手高不过肩；目视前下方。（图179）

图179

101

④重心后移至右脚，右脚脚跟稍内扣踏落实，左脚随即脚掌碾地，脚跟虚起，成左虚步；同时，两手持棍，把法不变，协同向前（西）撩出：右手向前、向右后上方弧形提带棍把，止于右肩前约35厘米处，手心向外，虎口朝下，左手向前（西），边向后滑把边托撩棍身止于左胁前约50厘米处，手心朝上，虎口向前，高不过胸；目视前方。（图180）

图180

⑤重心不变，上体右转；左脚向前一步，脚跟着地；同时，两手协同，稍向上即向右后上方提带抡劈棍身：右手臂外旋，翻转后手心朝上，止于右胸前，高不过胸，左手臂内旋，边向右手虎口处滑把，边翻转至手心朝下，止于右肩前，高不过肩；目随棍走。（图181）

图181

⑥重心前移，腰胯及上体左转；右腿（膝）蹬伸不挺；左脚踏实，左腿屈膝成左弓步；同时，两手把法不变，协同向下、向前（西）带抢撩出，止于左肩前约35厘米处，右手手心向内，左手手心朝外，两腕内侧相贴，高不过肩，棍梢低不过裆；目视棍梢方向。（图182）

图182

⑦重心不变，腰胯及上体左转；以左脚脚跟为轴，脚尖外摆踏落；同时，两手把法不变，协同向左后上方抽带格架棍身，止于左额前，高约与头平，梢略低于把，右手手心向内，左手手心朝外；目视前方。（图183）

图183

⑧重心前移至左脚，上体左转；右脚提起向前一步，脚跟着地；同时，两手（左手可做前后滑动）协同，稍向上即向左后上方带抢棍身，止于左肩侧前，棍梢斜指向左后上方，右手手心向下，左手手心朝上；目随棍走。（图184）

图184

⑨重心前移，腰胯及上体右转；左腿（膝）蹬伸不挺，右脚踏实，右腿屈膝成右弓步；同时，两手（左手向右手前滑把）协同，向身前（正西）平胸横抢，止于右肩前约35厘米处，右手手心向下，左手手心朝上，棍梢指向西偏南；目视前方。（图185）

图185

⑩重心不变，腰胯及上体右转；以右脚脚跟为轴，脚尖外摆踏落；同时，右手持棍，手臂内旋，向右后上方提拉抽带棍把，止于右额前，高约与头平，棍梢略低于棍把，左手手心向上，随势向梢段滑托举架棍身；目视前方。（图186）

图186

⑪重心前移至右脚，上体稍右转；左脚提起向前迈出一步，脚跟着地；同时，右手持棍，手臂外旋，稍向上即向右后方带甩棍把，止于右肩前，手心向上，左手手臂内旋，边向上举托棍身，边向右手虎口处滑把，推甩棍梢，斜指右后上方，略高于肩。两腕内侧交叠；目随棍走。（图187）

图187

⑫重心前移，腰胯及上体左转；右腿（膝）蹬伸不挺；左脚踏实，左腿屈膝成左弓步；同时，两手协同，向身前（正西）平胸横抢，止于左肩前约35厘米处，右手手心向上，左手手心朝下，棍梢指向西偏北；目视前方。（图188）

图188

二十三、左右弓步斜下劈

①重心不变，腰胯及上体左转；以左脚脚跟为轴，脚尖外摆踏落；同时，两手把法不变，协同向左后上方抽带格架棍身，棍把止于左额前，高约与头平，梢略低于把，右手手心朝内，左手手心朝外；目视前方。（图189）

图189

②重心前移至左脚，上体稍左转；右脚提起向前迈出一步，脚跟着地；同时，两手协同，稍向上即向左后上方带抡棍身，棍把止于左肩侧前，棍梢斜指向左后上方，右手手心朝下，左手手心朝上；目随棍走。（图190）

图190

③重心前移，腰胯及上体右转；左腿（膝）蹬伸不挺；右脚踏实，右腿屈膝成右弓步；同时，两手持棍，协同向身前（正西）略偏右下，抡甩斜劈，双手止于右胯前约30厘米处，高约与腰平，右手手心向内下，左手手心朝右上，棍梢略低于头；目视前下方。（图191）

图191

④重心不变，腰胯及上体右转；以右脚脚跟为轴，脚尖外摆踏落；同时，两手把法不变，协同向右后上方抽带格架棍身，棍把止于右额前，高约与头平，棍梢略低于把，右手手心朝外，左手手心朝内；目视前方。（图192）

图192

⑤重心前移至右脚，上体稍右转；左脚提起向前一步，脚跟着地；同时，两手协同，稍向上即向右后上方带抡棍身，棍把止于右肩侧前，棍梢斜指向右后上方，右手手心朝内，左手手心朝下；目随棍走。（图193）

图193

⑥重心前移，腰胯及上体左转；右腿（膝）蹬伸不挺；左脚踏实，左腿屈膝成左弓步；同时，两手持棍，协同向身前（正西）略偏左下，抡甩斜劈，双手止于左胯前约30厘米处，高约与腰平，右手手心向左上，左手手心朝右下，棍梢略低于头；目视前下方。（图194）

图194

第五段　二十四至二十七式

二十四、左右翻身叉步撩

①重心不变，腰及上体稍右即左转；以左脚脚跟为轴，脚尖外摆踏落；同时，双手持棍，协同向左额侧前托举掤架，略高于头，右手手心向内，左手手心朝外，棍身略平；目视前方。（图195）

图195

②重心前移至左脚，腰及上体继续左转；右脚提起向前（正西）迈出一步，脚跟着地；同时，右手持棍，稍向上即向左后方抡甩劈击，止于左胁前，手心向内，棍梢高不过头，左手松开棍身，成立掌向右肩侧前推移，手心向右，两臂交叠于胸前；目视左后方。（图196）

图196

③重心前（右）移，腰右转；左脚不动，右脚脚尖稍外摆踏实并屈膝成过渡右弓步；同时，右手持棍，稍向下即向右（西）平胸横抡，手心向下，高不过肩，左手手心朝外，沿右臂向左平抹横摆，指尖朝上，高约与肩平；目视棍梢方向。（图197）

图197

④重心前移，身体右转；右脚随势碾动脚掌，左脚顺势向前（西）迈出一步，脚跟着地，脚尖稍内扣；同时，两臂（手型、把法不变）左右伸展成"一"字形，继续向右（东）平胸横抡；目视棍梢方向。（图198）

图198

⑤下盘（步型）不变，左脚脚尖内扣踏实，腰胯及上体尽力右转；同时，右手持棍，继续向右后（西南）平胸横抡，手心向下，左手随势向右平摆至右肩前，手心向外，指尖朝上；目视棍梢方向。（图199）

图199

⑥重心稍右移，腰胯及上体左转；左腿（膝）蹬伸，直而不挺；右腿屈膝，成过渡右弓步；同时，左手沿胸腹前，先向下沉按继而弧形向左肩侧方摆举，手心向外，指尖斜向上，略高于肩，右手持棍，先外旋再内旋，向前（正东）抡甩劈击，手心向左，虎口朝上，高约与肩平；目视前方。（图200）

图200

⑦重心后（左）移，腰胯及上体左转；右腿（膝）蹬伸，直而不挺；左腿屈膝，成左侧弓步；同时，右手持棍，内旋手臂，向左后带挂棍身，棍把止于右胁前，棍梢斜指左后下方；左手顺势沉按于右肩前，手心向右，指尖朝上。目视前方。（图201）

图201

⑧两脚位势不变，重心前（右）移，腰胯及上体右转，成过渡右弓步；同时，右手持棍，向上、向前（正东）抡甩棍身平劈，高约与肩平，左手向下、向后（西）、向上弧形摆举于左肩侧后方，手心向外，指尖斜向上；目视前方。（图202）

图202

⑨重心不变，腰胯及上体左转；左脚不动，以右脚脚跟为轴，脚尖尽力（实腿转）内扣，成过渡倒"八"字步形（或左脚跟虚起之左虚步）；同时，右手持棍，手腕稍向下即向上、向前再向下、向后做先外旋再内旋之绕腕动作，使棍身在体右做一周半之近身立圆，棍梢朝上，斜立于右肩背后，手心向外，手高低于腰，左手向右、向下经右胸、左腹再向左、向上、向右立圆抡摆，立掌止于右肩前，手心向右，指尖朝上方；目视前方。（图203、图203附图）

图203

图203附图

⑩重心及步型均不变，上体稍左转；右手向前（西）带挑棍把，高不过腰，左手顺势向右胸前沉按，手心向右，指尖朝上；目视前下方。（图204）

图204

⑪重心移向右脚，左脚提起由右脚后向身后倒插一步；同时，右手持棍，稍内旋手臂，向胸前（西）提撩棍身，棍梢略低于棍把，手心向外，高约肩平，左手继续向下偏前沉按，止于右胯前约20厘米处，手心向下，指尖朝右；目视前方。（图205）

图205

⑫两脚不动，腰胯及上体右转；两腿随势屈蹲成歇步；同时，右手持棍，向身后（正东）提带挥劈棍身，高不过肩，手心向前，虎口朝上，棍梢高约与头平，左手向左弧形上摆，手心向外，指尖斜上，略高于头；目视右后（正东）方。（图206）

图206

⑬重心后移，腰胯及上体左转；左脚以脚掌为轴，脚跟内踏落实，右脚以脚跟为轴，脚掌翘起稍内摆，成右脚脚跟着地的过渡虚步；同时，右手持棍，边外旋，边向下、向前（西）近身带甩撩出，手心朝上，高不过肩，左手稍向上即向右肩前回按，继而向下、向左上挥摆，止于左肩前上方，略高于头，手心向外，指尖斜向上；目视棍梢方向。（图207）

图207

⑭重心不变，身体左转；右脚以脚跟为轴，脚尖极力内扣踏实，右腿蹬伸不挺，左脚以脚跟为轴，脚尖外摆踏实，左腿屈膝成左弓步；同时，右手持棍，向左后（正东）方抽带棍身，挥臂甩腕劈击，手心向左，虎口朝上，棍身略平，高约与肩平，左手随势向前（东）、向下弧形回带于左腰侧，手心向上，指尖朝右前；目视前（东）方。（图208、图208附图）

图208

图208附图

116

⑮重心前移至左脚，上体右转；右脚提起向前（东）迈出一大步，脚尖外摆踏落，右腿屈膝成叉步；同时，右手持棍，向右后（正西）下方带甩撩出，手心向左，虎口朝下，高约与腰平，左手指尖引领，边向上、边内旋，掤穿举架于左额前上方，手心向外，指尖斜向上；目视右后方。（图209）

图209

⑯重心前移至右脚，上体左转；左脚提起向前迈出一大步，左腿屈膝成左弓步；同时，右手持棍，边外旋边抽带棍身，向正前（东）方轮臂甩腕劈击，手心向左，虎口朝上，棍身持平，高不过肩，左手稍向右即向下、向左、再向上弧形挥摆，举亮于左额前上方，手心向前，指尖斜横；目视前方。（图210）

图210

⑰重心后移，腰胯及上体右转；左腿（膝）蹬伸，直而不挺，右腿屈膝成右侧弓步；同时，右手持棍向右后平胸抽拉棍身，左手虎口朝后，向右肩前沉按并随势沿右手臂向前滑握棍之梢段，手心向下；目视前方。（图211）

图211

⑱重心前移，腰胯及上体左转；右腿（膝）蹬伸，直而不挺，左腿屈膝成左弓步；同时，左手持棍，手臂外旋，向后拉带棍稍，手心向内上，止于左胁前约20厘米处，略高于腰，右手边向前推劈棍把，边向后滑握棍身于左手前约35厘米处，高约与胸平，手心向下；目视棍把方向。（图212）

图212

⑲两脚不变，腰胯及上体右转；重心后（右）移（幅度尽量大），成右侧弓步；同时，左手稍上即前，推劈棍梢，手心向前下，略高于肩，右手向下、向右后，弧形拉带棍把，止于右胯侧约10厘米处，手心向内，高不过腰；目随棍把。（图213）

图213

⑳重心前移。腰胯及上体左转；右腿（膝）蹬伸，直而不挺；左腿屈膝成左弓步；同时，左手持棍，外旋手臂，向后拉带棍梢于左胸前约30厘米处，手心朝上，高不过肩，右手向前推甩棍身前劈，随即成俯掌，止于左手前，轻抚棍身；目视前方。（图214）

图214

㉑重心不变（实腿拧转），腰胯及上体先左转随即右转；右脚不动，以左脚脚跟为轴，脚尖尽力内扣，成过渡倒"八"字步；同时，左手持棍，手腕稍向下即向上、向前再向下、向后，做先外旋再内旋之绕腕动作，使棍身在体左做一周半之近身立圆，斜立于左肩背后，棍把朝上，手心向外，低于腰，右手向下、向右、向上，继而向下沿左胸、右腹再向右、向上、向左立圆抢摆，立掌止于左肩前，手心向左，指尖朝上；目视左后方。（图215）

㉒重心及步型均不变，上体稍右转；左手向前（西）带挑棍梢，高不过裆，右手顺势向左胸前沉按，手心向下，指尖朝左；目视前下方。（图216）

图215

图216

㉓重心移向左脚，右脚提起由左脚后向身后倒插一步；同时，左手持棍，稍内旋手臂，向前（西）提撩棍身，把略低于梢，手心向外，高约与肩平，右手继续向下偏前沉按，止于左胯前约20厘米处，手心向下，指尖朝左；目视前方。（图217）

图217

㉔两脚不动，身体左转；两腿随势屈蹲成歇步；同时，左手持棍，向身后（正东）提带挥劈棍身，高不过肩，手心向前，虎口朝上，把高约与头平，右手向右弧形上摆，指尖斜向上，手心向外，略高于头；目视左后（正东）方。（图218）

图218

㉕重心后移，腰胯及上体右转；右脚以脚掌为轴，脚跟内踏落实，左脚以脚跟为轴，脚掌翘起稍内摆，成左脚脚跟着地的过渡虚步；同时，左手持棍，边外旋，边向下、向前（西）近身带甩撩出，手心朝上，高不过肩，右手稍向上即向左肩前回按，继而向下、向右上挥摆，止于右肩前上方，略高于头，手心向外，指尖斜向上；目视棍把方向。（图219）

㉖重心不变，身体右转；左脚以脚跟为轴，脚尖极力内扣踏实，左腿（膝）蹬伸，直而不挺；右脚以脚跟为轴，脚尖外摆踏实，右腿屈膝，成右弓步；同时，左手持棍，向右后（正东）方弧形抽带棍身，挥臂甩腕劈击，手心向右，虎口朝上，棍身略平，高不过肩，右手随势向前（东）、向下弧形回带至右腰侧，手心向上，指尖朝左；目视前方。（图220）

图219

图220

㉗重心前移至右脚，上体左
转；左脚提起向前（东）迈出一大
步，脚尖外摆踏落，左腿屈膝成叉
步；同时，左手持棍，向左后（正
西）下方带甩撩出，手心向右，虎
口朝下，高约齐腰；右手指尖引
领，边向上边内旋，掤穿举架于右
额前上方，手心向外，指尖斜上；
目视左后方。（图221）

图221

注：本势在做剪腕、抡撩，转体、劈击时，要在腰胯的旋转带动下，做到内外
相合、身械一体，柔顺流畅、舒展大气（幅度要尽量大）。

二十五、回身左右绞戳棍

①重心前移至左脚，右脚提起向前一步，脚尖内扣踏实，右腿屈
膝成侧弓步；同时，两手（臂）形状、位势不变，唯左手持棍，随身
体前移；目视左后方。（图222）

图222

②重心移至右脚，腰胯及上体左转；右脚不动，左脚在腰胯拧转的带动下，提起后随即外摆踏落；同时，左手持棍，边外旋手臂，边向左胸前提带棍梢，手心向内，高不过胸，右手顺势在腹前接握棍把，手心向下，虎口朝内，略高于腰；目视前下方。（图223）

图223

③重心前移至左脚，腰胯及上体继续左转；左脚不动，右脚提起向前迈出一大步，脚跟着地；同时，两手持棍，协调柔顺地绞绕沉压：右手向右后上、左前下绞绕沉压，手心向下，高约与心窝（膻中穴）平，左手向左前下、右后上绞绕提带，并外旋手臂至手心向内上，止于左腰际；目视前方。（图224）

图224

④重心前移；右脚踏实，左脚提起向右脚后（偏左）跟进，左右脚前后不超过10厘米，脚掌着地，双腿屈蹲，重心偏于前（右）脚；同时，两手持棍，协同向前，平胸推移戳击，高不过肩；目视前方。（图225）

图225

⑤重心稍后移，上体右转；左脚踏实并蹬地，右脚提起向前迈出一小步，脚尖稍外摆横落，近似半歇步；同时，右手向右肩前约35厘米处带格棍把，手心向下，左手向左腹前约40厘米处带挑棍梢，手心亦向下；目视前方。（图226）

图226

⑥重心前移，腰胯右转；右脚脚尖稍外摆踏实，左脚随势跟进至右脚踝处不着地；同时，右手持棍，向右后下卷腕拉带棍把于右腰际，手心向内上，左手向右前上方推拨棍梢，手心向下，虎口朝后，高不过肩；目视前方。（图227）

图227

⑦重心不变，左脚向前上一大步，脚跟着地；同时，两手把法不变：右手微向上托带棍把；左手稍下压棍梢，低不过胸；目视前方。（图228）

图228

⑧重心前移，腰稍左转；左脚踏实，右脚提起向左脚后（偏右）跟进，左右脚前后不超过10厘米，脚掌着地，双腿屈蹲，重心偏于前（左）脚；同时，两手持棍，协同向前，平胸推移戳击，棍梢高不过肩；目视前方。（图229）

图229

二十六、左右退步绞点棍

①重心后移，右脚踏实，腰胯稍右转，左脚跟虚起，成过渡虚步；同时，左手稍向右推拦棍梢于右胸前约50厘米处，手心向下，高约与肩平，右手向右腰际拉带棍把，手心向内；目视前方。（图230）

图230

②重心后移，身体左转；左脚提起向身后撤一步并踏实，右脚脚掌碾地，脚跟外展，成右虚步；同时，左手微向右即向左后下拉带棍梢于左腰际，手心向内，右手稍向后即向胸前约50厘米处推拨棍把，手心向下，高不过肩；目视前方。（图231）

图231

③重心不变，腰胯及上体先左后右拧旋（转）；左脚不动，右脚提起向身后倒插一步，脚掌着地；同时，右手持棍，向左、向下继而向右后上方拉带拨挂棍把于右肩前约35厘米处，手心向下，左手持棍，向内、向上继而向左前下方提带推移棍梢于左上腹前约40厘米处，手心亦向下；目视前方。（图232）

图232

④重心稍后移，腰胯及上体左转；两脚位势不变，双腿屈蹲成半歇步；同时，右手持棍，手稍向右、向上即向左前偏下推移格压棍把，手心向下，虎口朝后，高不过肩，左手稍向左、向下即向左腰际拉带棍梢，手心向内，虎口朝前；目视前方。（图233）

图233

⑤重心移至右脚，腰右转；左脚提起向身后撤一步，脚掌着地；同时，右手持棍，向下、向右后上方拉带拨挂棍把于右肩前约35厘米处，手心向下，左手持棍，向上、向左前下方提带推移棍梢于左上腹前约40厘米处，手心亦向下；目视前方。（图234）

图234

⑥重心后移，腰胯及上体左转；左脚（腿）踏实并屈膝，右脚不动，脚跟虚起；同时，右手持棍，稍向右、向上即向左前偏下推移格压棍把，手心向下，虎口朝后，高不过肩，左手稍向左、向下即向左腰际拉带棍梢，手心向内，虎口朝前；目视前方。（图235）

图235

⑦重心后移至左脚，腰右转；右脚收回至左脚内踝处，脚尖点地，成丁步；同时，右手持棍，向下、向右后上方拉带拨挂棍把于右肩前约35厘米处，手心向下，左手持棍，向上、向左前下方提带推移棍梢于左上腹前约40厘米处，手心向下；目视前方。（图236）

图236

⑧重心、步型（丁步）不变，腰胯及上体左转；同时，右手持棍，稍向右、向上即向左前偏下推移格压棍把，手心向下，虎口朝后，高不过肩，左手稍向左、向下即向左腰际拉带棍梢，手心向内，虎口朝前；目视前方。（图237）

图237

⑨重心、步型（丁步）不变，腰胯及上体尽力右转；同时，右手持棍，向下、向后推拨棍把于左腋下，手心向上，左手向正胸前推劈棍梢，手心向下，高约与肩平；目视前方。（图238）

图238

⑩重心不变，腰左转；右脚向前一步，脚跟着地；同时，左手向左肩前拉带棍梢，手心斜向下，高不过肩，右手向腹前带挑棍把，手心向下，高不过胸；目视棍把方向。（图239）

图239

⑪重心不变，腰胯及上体右转；左脚不动，右脚脚跟为轴，脚尖外摆，成半坐盘状；同时，右手向右后拉带格挂棍把于右胁侧前约25厘米处，手心向下，低不过腰，左手向左胸前约40厘米处推拨棍梢，手心向下，高不过肩；目视前方。（图240）

图240

⑫重心前移；右脚不动，左脚收提至右脚内踝处不落地；右手向右腰侧拉带棍把，略低于腰，左手向身前推拨棍稍，手高同肩；目视前方。（图241）

图241

⑬重心不变；右脚不动，左脚向前一步，脚跟着地；同时，右手臂外旋卷腕，收提于右腰际，略高于腰，手心向上，左手向身前格压棍梢，手心向下，高约与心窝平；目视前方。（图242）

图242

⑭重心前移至左脚，腰左转；右脚蹬地，前移半步并踏实；同时，两手协同向正前方平胸推移棍身前戳，棍梢高约与心窝平；目视前方。（图243）

图243

⑮重心后移，右脚踏实，腰胯稍右转；左脚跟虚起，成过渡虚步；同时，左手稍向右推拦棍梢于右胸前约50厘米处，手心向下，高约与肩平，右手向右腰际拉带棍把，手心向内；目视前方。（图244）

图244

⑯重心不变，腰胯及上体先向右后向左拧旋；右脚不动，左脚提起向身后倒插一步，脚掌着地；同时，左手持棍，向右、向下继而向左后上方拉带拨挂棍梢于左肩前约35厘米处，手心向下，右手持棍，向内、向上继而向右前下方提带推移棍把于右上腹前约40厘米处，手心向下；目视前方。（图245）

图245

⑰重心后移，腰胯及上体右转；两脚位势不变，双腿屈蹲成半歇步；同时，左手持棍，稍向左、向上即向右前偏下推移格压棍梢，手心向下，虎口朝后，高不过肩，右手稍向右、向下即向右腰际拉带棍把，手心向内，虎口朝前；目视前方。（图246）

图246

⑱重心移至左脚，腰胯及上体左转；右脚提起向身后撤一步，脚掌着地；同时，左手持棍，向下、向左后上方拉带拨挂棍梢于左肩前约35厘米处，手心向下，右手持棍，向上、向右前下方提带推移棍把于右上腹前约40厘米处，手心向下；目视前方。（图247）

图247

⑲重心后移，腰胯及上体右转；右脚踏实并屈膝，左脚不动，脚跟虚起；同时，左手持棍，稍向左、向上即向右前偏下推移格压棍梢，手心向下，虎口朝后，高不过肩，右手稍向右、向下即向右腰际拉带棍把，手心向内，虎口朝前；目视前方。（图248）

图248

⑳重心后移至右脚，腰左转；左脚收回至右脚内踝处，脚尖点地，成丁步；同时，左手持棍，向下、向左后上方拉带拨挂棍梢于左肩前约35厘米处，手心向下，右手持棍，向上、向右前下方提带推移棍把于右上腹前约40厘米处，手心向下；目视前方。（图249）

图249

㉑重心、步型（丁步）、步法均不变，腰胯及上体右转；同时，左手持棍，稍向左、向上即向右前偏下推移格压棍梢，手心向下，虎口朝后，高不过肩，右手稍向右、向下即向右腰际拉带棍把，手心向内，虎口朝前；目视前方。（图250）

图250

137

二十七、左右挂挑舞花劈

①重心、步型、步法均不变，腰胯及上体尽力左转；同时，左手向下、向后推拨棍梢于右腋下，手心向上，右手向正胸前推劈棍把，手心向下，高约与肩平；目视前方。（图251）

图251

②重心、步型、步法仍不变，紧接上势，右手向右肩前拉带棍把，手心斜向下，高不过肩，左手向腹前带挑棍梢，手心向下，高不过胸；目视棍梢方向。（图252）

图252

③重心微后移；右脚不动，左脚向前（脚尖外摆踏落）活步，两腿（膝）屈蹲成半歇步，腰胯稍右转即极力左转；同时，左手微向右即向左肩前拉带棍梢，手心向下，高约与肩平，右手向下、向腹前推挑棍把，手心向下，高不过胸；目视前下方。（图253）

图253

④重心前移，腰胯稍左转；左脚不动，右脚向前收提至左脚脚踝处不落地；同时，右手向右胸前提带棍把，手心向下，高不过胸，左手向下推移棍梢，手心向内，高约与腰平；目视棍把方向。（图254）

图254

⑤重心微前移，腰胯极力右转；右脚向前迈出一小步，脚尖外摆踏落，两腿（膝）屈蹲成半歇步；同时，右手微向左即向右肩前拉带棍把，手心向下，高约与肩平，左手向下、向腹前推挑棍梢，手心向下，高不过胸；目视前下方。（图255）

图255

⑥重心前移，腰胯稍右转；右脚不动，左脚向前收提至右脚脚踝处，不落地，脚尖自然下垂；同时，左手向左胸前提带棍梢，手心向下，高不过胸，右手向下推移棍把，手心向内，高约与腰平；目视棍梢方向。（图256）

图256

⑦重心微前移，腰胯极力左转；左脚向前迈出一小步，脚尖外摆踏落，两腿（膝）屈蹲，成半歇步；同时，左手微向右即向左肩前拉带棍梢，手心向下，高约与肩平；右手向下、向腹前推挑棍把，手心向下，高不过胸；目视前下方。（图257）

图257

⑧重心前移，腰右转；左脚不动，右脚向前收提至左脚脚踝处不落地，脚尖自然下垂；同时，右手持棍，向左腋下拉带棍把，手心向上，虎口向前，左手向正胸前推劈棍梢，手心向下，虎口向后，高约与肩平；目视前方。（图258）

图258

⑨重心不变，腰左转；右脚向前一大步，脚跟着地；同时，左手向左肩前拉带棍梢，高约与肩平，右手向腹前带挑棍把，略高于腰；目视棍把方向。（图259）

图259

⑩重心前移，左腿（膝）蹬伸，直而不挺，右腿屈膝，成右弓步；同时，右手持棍，向左腋下拉带棍把，手心向上，虎口向前，左手向正胸前推劈棍梢，手心向下，虎口向后，高约与肩平；目视前方。（图260）

图260

⑪重心不变（可微后移），腰胯及上体右转；左脚不动，右脚脚跟为轴，实腿碾转，脚尖外摆踏落；同时，左手持棍，向右下拨挂棍梢，手心向内，止于右胯前约15厘米处，右手稍向前偏上推移棍把；目视棍梢方向。（图261）

图261

⑫重心前移，腰及上体左转；右脚踏实，左脚向前收提至右脚脚踝处不落地，脚尖自然下垂；同时，右手持棍，向右腰际拉带棍把，手心向内，左手向正胸前提带、挥甩（劈）棍梢，手心向下，高不过肩；目视前方。（图262）

图262

⑬重心不变，腰稍右转；右脚不动，左脚向前一步，脚跟着地；同时，左手向右下方推拨棍梢，止于右胯前约40厘米处，右手向右肩前约20厘米处提带棍把，高不过肩；目视前下方。（图263）

图263

⑭重心前移，腰胯及上体左转；右脚不动，右腿（膝）蹬伸，直而不挺，左脚踏实，左腿屈膝前弓，成左弓步；同时，左手向右腋下拉带棍梢，手心朝上，虎口向前，右手向正胸前推劈棍把，手心朝下，虎口向后；目视前方。（图264）

图264

第六段　二十八至三十二式

二十八、左右活步架劈棍

①重心前移至左脚，腰稍左转；右脚提起向前跟进大半步，脚尖点地，脚跟虚起；同时，右手向前上偏左提带举架棍把，手心向外，略高于头顶，左手稍向前即向左上方提带举架棍梢，手心向外，略低于头顶；目视前方。（图265）

②重心后移至右脚，腰右转；右脚踏实，左脚全脚掌虚领着地；同时，右手持棍向上腹（略偏右）前约20厘米处拉带棍把，手心向左，左手边向前推劈棍梢，边换把（转换成顺把）并滑握于右手前约10厘米处，手心向右，虎口向前，棍梢高约与头平；目视前方。（图266）

图265

图266

145

③重心不变，腰及上体稍右转；右脚不动，左脚脚跟虚起；同时，左手持棍，向右下方带格棍梢，棍梢止于右膝外约15厘米处，右手稍向左肘外推移棍把随即配合左手回拨棍身，手心向内，高约齐胸；目视右下方。（图267）

图267

④重心不变，腰微左转；右脚不动，左脚提起向前一步，脚跟着地；同时，两手协同向左额前上方提举、托架棍身，稍向右前方，略低于把；目视前方。（图268）

图268

⑤重心略前移，腰微左转即右转；右脚不动，左脚脚掌踏实，双腿屈膝成右偏马步；同时，两手协同，稍向上即向前下方抡劈棍身：右手向右后下沉带棍把，止于左腹前约10厘米处，左手向前滑握棍之中段，距左胁约40厘米，棍梢斜指正（西）前方，高不过头；目视前方。（图269）

图269

⑥重心移向右脚，腰胯右转；右脚不动，左脚提起向右脚正前方迈出一步，脚尖外摆横落；同时，两手（左手向梢段滑托棍身）协同，向右额前上方水平提举、托架棍身，高约与头平，稍向左前（南偏西），略低于把；目视前方。（图270）

图270

⑦重心前移至左脚，腰胯及上体稍左转；左脚不动，右脚向前收提于左脚脚踝处，脚尖自然下垂不落地；同时，两手把法不变，协同向前抡动棍身劈击：右手持棍把，止于腹前约15厘米处，左手滑把至右手前约10厘米处，棍梢高约与头平，斜指向正（西）前方；目视前方。（图271）

图271

⑧重心不变，腰胯右转；右脚向前一步，脚跟着地；同时，两手把法不变，协同（左手向梢段滑把）向右额前上方平横提举，托架棍身，高约与头平，梢向左前（南偏西），略低于把；目视前方。（图272）

图272

⑨重心略前移，腰胯及上体左转；左脚不动，右脚脚掌踏实，双腿屈蹲成左偏马步；同时，两手协同，稍向上即向前下方抢劈棍身：右手持棍把，止于右腹前约15厘米处，左手滑把至右手前约10厘米处，棍梢斜指向正（西）前方，高不过头；目视前方。（图273）

图273

二十九、左右马步侧平击

①重心、步型、手法均不变，腰及上体左转；两手协同，向左直立棍身刮带至左胸前，手高不过胸；目视棍之中段。（图274）

图274

②重心、步型不变，腰及上体再左转一点；同时，右手将棍身向左（东）抡甩劈击，手心向下，高约与胸平，左手松开棍身成立掌，轻扶于右手前约10厘米之把段，手心向外，指尖朝上；目视棍梢方向。（图275）

图275

③重心、步型不变，腰及上体右转；同时，右手向右（西）拉带棍把平胸甩出横击，手心向下，左手向左（东）平摆分撑，手心向左，指尖斜朝上；目视棍梢指向。（图276）

图276

④重心稍后移，腰胯及上体右转；左脚不动，右脚原地提起（亦可不提起，以脚跟为轴，脚尖外摆落实）外摆落实，两腿屈蹲成半歇步；同时，右手臂先外旋继而内旋，使棍梢在正胸前（西）绕大半个正立圆，手心向外，把高约与肩平，左手在腹前约40厘米处接握棍之梢段，手心向右，虎口朝上；目视棍之中段。（图277）

图277

⑤重心前移至右脚，腰胯及上体大幅度右转；右脚不动，左脚提起向前（西）迈出一大步，脚跟着地；同时，两手持棍，协同向右立棍刮带至右胁前：右手在上，高约与头平，手心向外，虎口朝下，左手在下，高约与腰平，手心向内，虎口朝上；目视左前方。（图278）

图278

⑥重心左移，腰先微右转继而尽力左转；右脚不动，左脚脚尖稍内扣踏实，两腿（膝）屈蹲成偏右马步；同时，左手向左（西）拉带棍身平胸横击，手心向下，右手向右（东）平摆分撑，手心向右，指尖斜朝上；目视棍把指向。（图279）

图279

三十、转身左弓三连击

①重心稍后移，腰及上体左转；右脚不动，左脚原地提起，随即脚尖尽力（不失自然）外摆横落（通常亦称为活步）；同时，两手不变，唯左手持棍再向前引伸，右手再向后对拉分撑；目视棍把方向。（图280）

图280

②重心前移至左脚，身体左转；左脚不动，右脚提起，向前（正西）迈出一大步，脚尖尽力（不失自然）内扣，两腿（膝）屈蹲成过渡夹马步；同时，左手持棍，向左后（正东）方平胸横抡，手心向下，右手原势不变，随转体平摆分撑；目视棍把方向。（图281）

图281

③重心稍后移，腰稍右转；右脚不动，左脚原地提起随即前落，脚跟着地；同时，左手臂内旋，向下、向后拉带勾挂棍把于右胯侧，手位于左胸前约30厘米处，手心向下，高不过肩，右手向前迎握棍把于右腹侧，手心向内，高约与腰平；目光追视棍把。（图282）

图282

153

④重心前移，腰胯及上体左转；左脚踏实，左腿屈膝，右腿（膝）蹬伸，直而不挺，成左弓步；同时，左手向右腋下推移棍梢，手心向上，虎口朝前，右手向正胸前（东）推劈棍把，高约与肩平，手臂直而不挺，手心向下，虎口朝后；目视棍把方向。（图283）

图283

⑤重心后移，腰胯右转；左腿（膝）蹬伸，微屈不挺，右腿屈膝，成左脚全脚掌着地的大虚步；同时，两手把法不变，右手向右肩前约15厘米处拉带棍把，腕稍屈，至棍身之把段紧贴于右前臂前段外侧；左手向左腹前约50厘米处带挑棍梢，手心向下，高约与腰平；目视棍梢方向。（图284）

图284

⑥重心前移，腰胯及上体左转；左腿屈膝，右腿（膝）蹬伸，直而不挺，成左弓步；同时，两手把法不变，左手向右腋下推移棍梢，右手向正（东）胸前推劈棍把，高不过肩；目视前方。（图285）

图285

三十一、转身左右弓侧击

①重心后移，右脚不动，左脚脚尖翘起；同时，右手向上提带棍把于额前约25厘米处，手心向外，虎口朝下，高不过头，左手向前下拉带棍梢于腹前约25厘米处，手心向内，虎口朝上，高约与腰平，至棍身悬垂于胸前；目视棍之中段。（图286）

图286

②重心不变，腰胯及上体极力左转，至胸向正北；左脚脚尖尽力外摆；同时，两手持棍，把法不变，协同垂直棍身，向左胁侧水平拉带，棍身离左胁侧约20厘米；目视棍之中段。（图287）

图287

③重心移至左脚，腰胯及上体继续左转，至胸向西偏南；左脚不动，右脚提起向左脚前（北偏西）上一扣步，两腿屈蹲成倒"八"字步；同时，两手原势不变，随体转继续在体侧带移刮格棍身；目视棍之中段。（图288）

图288

④重心移至右脚，腰稍左转；右脚不动，左脚脚跟虚起，成过渡虚步；同时，两手持棍，协同向左上方提托举架：右手位于右额前约35厘米处，手心向外，左手位于左肩侧前约45厘米处，手心斜向前下，高约与肩平；目视棍之中段。（图289）

图289

⑤重心不变，腰胯及上体右转；右脚不动，左脚提起，向正前偏左上一大步，脚跟着地；右腿屈膝，成过渡右侧弓步；同时，右手向左腋下推移棍把，手心朝上，虎口向前，左手向右肩前推劈棍梢，手心朝下，虎口向后，棍梢指向右前（北偏西）方；目视棍梢方向。（图290）

图290

⑥重心左移，腰胯及上体左转；左脚脚尖稍外摆踏实，左腿屈膝前弓；右腿（膝）蹬伸，直而不挺，成左弓步；同时，左手随身体左转，向左前（南）方拉带棍身平胸横击，手心向下，虎口朝后，右手手型、位势不变；目视前方。（图291）

图291

⑦重心后移，腰及上体，先右后左拧转；右脚不动，左脚脚尖翘起；同时，左手持棍，向左肩前约20厘米处带挂棍梢，虎口朝下，手心斜向外，右手向前下带挑棍把，虎口朝上，手心向下，高不过胸；目视前下方。（图292）

图292

⑧重心前移，左脚脚尖稍外摆踏实，右脚向前跟进至左脚脚踝处不落地；同时，两手协同，向右上方提托举架棍身：左手位于左额前约40厘米处，手心向外，右手位于右肩侧前上方约45厘米处，手心斜向前下，略高于肩；目视棍之中段。（图293）

图293

⑨重心不变，腰胯及上体左转；右脚向正前偏右上一大步，脚跟着地，左脚不动，左腿屈膝，成过渡左侧弓步；同时，左手向右腋下推移棍梢，手心朝上，虎口向前，右手向左肩前推劈棍把，手心朝下，虎口向后，棍把指向左后（北偏东）方；目视棍把方向。（图294）

图294

⑩重心右移，腰胯及上体右转；右脚脚尖稍外摆踏实，右腿屈膝前弓，左腿（膝）蹬伸，直而不挺，成右弓步；同时，右手随身体右转，向右前（南）方拉带棍身平胸横击，手心向下，虎口朝后，左手手型、位势不变；目视前方。（图295）

图295

三十二、收势

①重心后（左）移，腰胯及上体左转；右腿（膝）蹬伸，直而不挺，左腿（膝）屈膝，成左侧弓步；同时，右手向左腹前约20厘米处带拨棍把，手心向内，虎口朝左，高不过腰，左手稍向外推移棍梢，以称其势；目视棍把方向。（图296）

图296

②重心右移，腰胯及上体右转；左腿（膝）蹬伸，直而不挺，右腿屈膝，成右弓步；同时，右手持棍，向前（南）挥甩棍把劈出，手心向下，虎口朝后，高约与肩平，左手向左小腹前拉带棍梢并轻贴，手心向内；目视前方。（图297）

图297

③重心、步型均不变，腰胯及上体继续右转；右手持棍，紧接上势，向右腰侧拉带棍把，手心向内，虎口朝前，左手稍向上即向前（南）推劈棍梢，手心向下，虎口朝后，高约与肩平；目视前方。（图298）

图298

④重心基本（微有前移）不变，腰稍右转；下盘（下肢）仍为右弓步；同时，左手稍向右前下推拨棍梢，手心向下，虎口朝后，略低于胸，右手微向上提带棍把；目视前方。（图299）

图299

⑤重心前移至右脚，腰左转；身体上起直立，右脚不动，左脚收提于右脚脚踝处，脚尖自然下垂不落地；同时，左手持棍，向左胯前约30厘米处拉带拨挂棍梢，右手向右额前约35厘米处提带推移棍把，高约与头平；目视前方。（图300）

图300

⑥重心不变，右脚不动，左脚向左横开一小步踏落，成小开立步；同时，左手向上提举棍梢于右额前，手心向外，虎口朝下，右手向下沉落棍把于右胯侧，两手协同，至棍身悬垂于体右；目视前方。（图301）

图301

⑦身法不变，两手协同，将棍身徐徐放下，垂立于体右，棍把把端落于右脚掌外沿约5厘米处；目视棍梢。（图302）

图302

⑧右手持棍和身法不变；左手松开棍身，手臂外旋，手心朝内，向前掤出，至正胸前（南）时，内旋手臂至手心向下，再稍向左平抹至左肩前，臂直而不挺；目视前方。（图303）

图303

⑨右手持棍和身法不变，左手手心向下，松肩垂肘（要有肘先松垂之内意和内势）塌腕，徐徐沉按至左胯侧，拇指轻贴左胯，手心向下，指尖向前；目视前方。（图304）

图304

⑩右手和身法不变，右脚尖微内扣；同时，左手臂微外旋，掌心轻缓贴扶于左大腿外侧；目视前方。（图305）

图305

⑪左右手手势、位置及身法均不变；重心移向右脚，左脚收拢，贴靠于右脚，脚尖先着地，继而徐徐落下脚跟，立正站稳，沉气静心，归本还原，收势；目视前方。（图306）

图306

后　记

　　"三十二式太极短棍"的成书意向，是二十年前的事。它与已出版的《三十二式太极棍》（长棍）和编创中的"三十二式太极长、短棍对击"是最佳姊妹篇。由于工作及其他诸多因素，搁置止步。时至今日，在诸多同仁大德的鼓励和支持下，特别是在当今全民健身运动大潮中，人们对太极拳（械）习练热情的高涨和对新套路学练的迫切性，激励和坚定了作者负责任地接续编创和写作。大家知道，做任何一件事，特别是要做好一件事，越认真，越负责任，要求越高，难度就越大，付出就越多。本套路（书）虽列目三十二式，但其工作量远超其数。特别是在编创、完善、修改、再完善的过程中，需升华的理、势，需改动的谬误，就像清扫秋叶。扫净又落，落后再扫，扫后又落，反复至极，直至院清路洁。其中之艰辛，唯从业（事）者感同身受。今天，该书（套路）付梓，作者终可深嘘一口，亦算不负众望。但仍不愿歇脚，因太极拳艺靠我们太极人继续不遗余力地去"推波助澜"，太极文化靠我们共同努力去发扬光大。相信，该书（套路）的出版，必定会给广大太极爱好者带来新的乐趣，为太极文化发展增光添彩。

本套路在成书的过程中，得到了山东聊城永年太极拳社及诸多拳友、社会同仁大德的关注、关心和支持，特别是拳友卢长福同志无偿提供示范图片的技术处理，在此一并躬谢。

李应宏

2019.10.10